大塚隆史

二人で生きる技術

幸せになるためのパートナーシップ

目次

第三講

覚悟、決意、考える

第四講

辿り着いた「二人で生きる」

補講

「二人で生きる」技術

はじめに

「好きになった人といつまでも一緒にいられたらいいのに……」

「簡単には壊れないような関係って作れないのかしらん」

「人生を一緒に生きていける人なんてどこにもいないのかも……」

僕は若い時期こんな愚痴をため息まじりにつぶやくことが多かったのです。それはけっこう長い期間続きました。長い人生を一緒に歩んでいけるような人と出会い、その人と良い関係を作っていきたいと夢見ていたのに、まるで実現しそうになかったからです。それは気が遠くなるような難問に思えました。

実は、僕が人生を一緒に歩んでいこうと探した相手は男性だったのです。

僕はゲイで、恋愛対象が男性なのです。


時は過ぎ、ありがたいことにその夢は叶って、今ではとても満足のいく素晴らしい関係を男性のパートナーとの間で持てるようになりました。

しかし、ここに至るまでは苦労の連続でした。僕たちには結婚という容れ物も用意されていないし、参考になるお手本もありませんでした。男同士で生きていくことを誰かに期待されることだってなかったのです。結局、頼りになるのは自分たちの気持ちだけ。関係作りで言えば、実に過酷な環境での試みでした。

しかし、過酷な環境が時として人間を鍛えてくれるように、厳しい状況での体験は結果として、望んでいた関係以外にも数多くの大切なものを僕に与えてくれました。

後になって振り返ってみると、それらは全て人間と人間とが深く理解し合い、受け入れ合っていくために役立つものばかりでした。男同士という「特殊な組み合わせ」から生まれた方法や考え方は、実は普遍的なものをたくさん含んでいたのです。


この本は、人生を一緒に生きていく伴侶を求めている人たちに、僕が試行錯誤をしながら学んだ関係作りに関する様々なことを伝えたいと思って書いたものです。

僕のライフヒストリーを縦糸に、関係に関する考え方や解説を横糸にとって、一枚の布を織り上げるような方式をとりました。こうすることで、僕がどのように変化しながら大切なものを手に入れていったかもわかっていただけるだろうと考えたからです。

その変化を追体験していただくために、緩やかなテンポで話が進んでいきます。その話の流れの中に、僕が手に入れた大切なものを「ちょっとしたコツ」だとか「大事な技術」という形であちこちに散りばめておきました。

どうかゆったりとした気持ちで読んでいってください。

最後まで読んでいただければ、きっと関係作りに役立つものがいくつも見つかると思います。少なくとも、関係作りに対して今までとは違う視点が必ず手に入ります。

そして、できれば読みながら「自分が求めている関係」についてもいろいろと考えてみてください。求めているものを吟味することも良い関係を手に入れる「ちょっとしたコツ」の一つなんです。

特に、今まで良い関係を真剣に求めながらもなかなかうまくいかなかった人たちには、問題解決の糸口や新しい考え方のヒントを見つけてもらえると思います。また、現在恋愛が最高潮の人には、やがてやってくる困難な時期への心構えをしてもらえるでしょう。

結婚を意識している人には、結婚に対する別な見方ができるようになってもらえると思います。今までの結婚というものが持っていた関係の作り方とは違ったアプローチが書いてあるからです。

これからは「二人で生きる」なんて時代錯誤だと思っている人には、一人で生きることが当然になった向こう側にある「自立した二人が敢えて人生を共有していく生き方」に新たな可能性を見ていただけるかもしれません。

組み合わせが「男と女」だろうと、男同士や女同士であろうと、特別な絆で結ばれた「二人の関係」に関心を持っている人にとって、この本はきっと重要な役割を果たしてくれることでしょう。

それでは一つ深呼吸でもしてから、読み始めてください。

ああ、二人で生きて、希望を共にし、思い出を共にする！
幸福を分かち合い、悩みを分かち合い、未来を分かち合う！
ああ、ぼくの情熱が君に光をもたらし
愛の陽光で君の魂を目覚めさせておくれ

——歌劇『ホフマン物語』（原題『Les Contes d'Hoffmann』、
原作E.T.A.ホフマン）より

第一講

「二人で生きる」のはじまりと理由

01

お互いを結びつける「言葉にしにくい何か」

ウチで作った夕飯を食べ終わって、カズと一緒にお茶をすすっている時に、僕は急に幸せな気分に包まれたのでした。

好きな人と一緒に暮らすという、この何とも平凡で取りたてて語るほどでもない日常。でもなんだか静かで、満ち足りた感じ。いいな、幸せだなぁ……と。

僕はこういう時に「相手はどうなんだろう?」という不安が同時に起こる用心深いタイプです。僕は新聞に目を通しているカズに声をかけます。

「る?」

彼は目を上げて僕を見ると、口をとんがらせて「る!」と答えました。

これは僕たちの間だけで通じる「愛してる?」「愛してる!」という言葉の短縮形です。僕が付き合い始めた頃から、あまりにいつも聞くので、いつの間にかこういう符丁のような形になったものです。これなら辺りはばからずどこでも言えるし……。でも、使っている間に元の言葉の意味は薄れ、いつしか「ヤッホー」と言えば「ヤッホー」と答える感じで、一日中二人の間を行ったり来たりと交わされる言葉になっていました。

いつもなら「る!」と答えてくれれば気持ちが治まるのに、その時はなんだか満足できずに「ねぇカズはなんで僕と付き合ってるの?」

と、食い下がってみました。僕としては「すごく好きだからだよ!」とか言って欲しかったんですね。でもカズは突然の変化球に目を丸くしたまま「う〜ん」と黙ったままです。

彼は極端なほど率直で、自分が思っていないことは言えない人でした。言葉もすごく少ないタイプ。「ここはひとまずそう言っておけば済む」というような判断をしません。

僕はこの沈黙の時間に根負けして、思わず聞いてしまいました。

「ひょっとして便利だから？」

彼は潔癖性で、掃除と食事の後片付けは自分で完璧にやらないと気がすまない人でしたが、それ以外の家事や家の切り盛りなどはすべて僕に任せていました。その理由は「僕、できないから」。

そんなことがどこかで気になっていたんでしょうね。だからそんなことを聞いたんだと思います。

果たして、その答えは
「うん、そうかな」でした。

「ふ〜ん、そうなんだ……」

彼の性格からして、こういう答えが出るのは予想できたはずなのに、僕はがっくりして、目を落として黙り込んでしまいました。カズも少し悪かったかなと思ったのか、言葉を続けます。

「あとタックと一緒にいれば淋しくないし……」（タックって僕のことです）

僕は少し呆れて、切り口上。

「ね、こういう時って大好きだからとか、愛してるからとか普通言わない？　なんか僕たち大丈夫なのかなって心配になってきた……」

後はすねて黙り込みました。

カズは肩をすぼめると、食卓の上の食器を流しに運び始めました。

無言の二十分ほどが過ぎ、彼が後片付けを終えて食卓に戻ってきて、口を開きました。

「タック！　る？」

「る……」

僕も一応答えます。僕たちには、どんな状況でも相手が「る？」と聞いたら必ず「る！」と答えなければならないルールがあったのです。僕たちはいつも気まずいシーンをこれで乗り越えてきていたのです。カズは続けます。

「便利っていうのもホント。淋しくないからっていうのもホント。もちろん大好きだし……。でもね、そういうのを言った後に、全部言い切ってないなぁ、なんか言い残してるなぁっていう感じが心の奥の方にあるの。その、言葉にしにくい何かがタックと付き合っている理由だと思う。それがあるうちは大丈夫なんじゃない？」って。

結局、その「言葉にしにくい何か」がどういうものかはわからないままでしたが、僕は妙に納得がいってしまい、また静かな気持ちに戻っていけました。


これは今からほぼ四半世紀前、僕が三十四〜五歳の時の話です。このカズというのは、僕にとって初めて「人生のパートナー」と思えた人です。当時、彼は二十八歳くらい。一緒に暮らし始めて三年ほど経った頃でした。

読んでおわかりかと思いますが、カズは男性です。

実は、僕とカズはこんな風に男同士で家庭を作っていました。

子供がいないので、「家庭」と言われて多くの人が想像する家庭とは少し違った雰囲気かもしれませんが、まだ子供を作っていない家庭とか、何かの事情で子供を持たない家庭とかと比べて、そんなに大きな違いはない暮らしぶりだったと思います。

朝一緒に起きて、短い一緒の時間を過ごして、それぞれの一日をスタートさせ、夜になればまた一緒に食事をしながらいろいろな話をして、床に就く。

そんな単純な繰り返しを続けていく生活。手に入れている人にとっては、ありきたりで格別に語るほどのこともない「つまらない」生活です。

ただ、僕にとっては、このありきたりの生活を手に入れるのは簡単なことではありませんでした。なにしろ男同士という「ありきたりでない」組み合わせで、それを手に入れようとしてきたからです。いろいろ苦労もしたし、悩みもしました。何度も挫折もし、自信も無くし、自棄も起こしました。

だけど、その「ありきたりな生活」が簡単に手に入らなかったおかげで、「二人の人間がありきたりな生活を一緒に営むには何が必要なのか」を真剣に考えることができました。そして、その考えたことを実践しながら関係を続けていたら、思いもかけないような素晴らしい宝物を手に入れることができたのです。

その宝物とは、お互いをかけがえのない人間として結びつける絆です。その絆こそが、二人の人間に、人生を共有していこうと思わせてくれるのです。これはカズが言っていた「言葉にしにくい何か」とまさに同じものです。

その「言葉にしにくい何か」があれば、ありきたりな生活は「生きているってステキだな」と思えるほど輝きに満ちたものになるのです。

02

「二人で生きる」の出発点

まずは「うゆうゆ」の話から始めましょう。これは性的な欲望に関係する話です。

誰かを好きになる。その人に触れたいと思う。できるだけ近くに居たい、その人のことをもっと知りたい、その人の特別な存在になりたい、と思う。

こういった恋愛感情のほとんどが、性的欲望を昇華する形で成り立っています。

だから、そこから始まるの？って思わないでください。性的欲望って、幸せになることや、誰かと共に生きていくことと無関係ではないので、無視するわけにはいかないのです。

僕と「うゆうゆ」の付き合いはひょんなことから始まりました。

あれは確か僕が小学校に入ったばかりの昭和三十一年頃（僕はいわゆる団塊の世代生まれなんです）、父親に連れられてパチンコ屋さんに行った時のことでした。父親はパチンコに夢中になってしまい、一人放っておかれた僕は二階に通じる階段で遊んでいました。

子供っていうのは遊びを見つける天才です。そのうち手すりにまたがって滑り降りると面白い、ということに気づきました。そして何度かやっているうちに、後ろ向きにまたがり、うまくバランスを取ってゆっくり滑れば、ある程度長い距離を滑れることもわかりました。こうなると面白くてたまりません。何度も何度も滑り降りていたら……それは急にやってきたのです。

今まで体験したこともない「切ない気持ち良さ」が、おチンチンを中心にして全身に広がりました。僕は何が起こったのかわからずボーゼンとしてしまって……。これが「それ」との最初の出会いでした。

どうやら、おチンチンを強く何かに押しつけていれば「それ」はやってくる。「かしこい」僕は、すぐに小学校の校庭にあるジャングルジムの登り棒でも同じ感覚を味わえることを学習しました。その登り棒の一番上から、おチンチンを強く押しつけながら、できるだけゆっくり滑り降りればいいのです。パチンコ屋さんに行く必要はない。校庭のジャングルジムなら毎日できる！

休み時間になると、僕はよくジャングルジムに走り、「それ」が来るまでなんども登り棒を滑り降りたものでした。もう僕は「それ」なしの生活なんて考えられないほど、この遊びにはまってしまったのです。

僕はこの「それ」に「うゆうゆ」という名前をつけました。おチンチンを棒に押しつけていると、初めに遠くから何かがやってくる感じがあって、それには「うゆうゆ」という、揺れているような語感がぴったりしているような気がしたのです。

僕はすぐに、この「うゆうゆ」遊びに改良を加えました。それは「大好きな人」の顔を思い浮かべたり、その人の名前を頭の中で唱えてみるというものです。そうするとなぜか「うゆうゆ」が早く来るのです。

僕の場合、その「大好きな人」はいつも男の人でした。当時テレビや映画に出てくる俳優や歌手の中に好きな人はたくさんいたのですが、特別のお気に入りは「山田真二」という映画俳優でした。

「うゆうゆ」の最中に「やまだしんじ」と唱えると「うゆうゆ」が早く来る。その時に「おチンチン」と言うともっと早く来る。そういう経験を重ねているうちに、はっきりしてきたことがありました。それは、「うゆうゆ」には使える人と使えない人がいるということ、どうやら「うゆうゆ」は「いやらしいこと」と関連があること、だから「うゆうゆ」は周りの人たちにおおっぴらにしてはいけないということ、などでした。

その後、「うゆうゆ」に使う人は「山田真二」から「小坂一也」に替わり、そして「坂本九」に替わり、そのうち同じクラスの「○○君」に替わったりしましたが、女性に替わることは一度もありませんでした。僕がいやらしい気持ちになれるのは、いつも男の人か男の子。

どうやら僕は、「男の子のことが特別に好きな男の子」のようでした。

「男の子のことが特別に好きな男の子」と言いましたが、僕は自分が「男の子」だということに関して疑問は全く感じていませんでした。僕は、男の人や男の子を「うゆうゆ」的に好きだったし、女の子っぽいところのたくさんある子でしたが、自分の性別に違和感を持ってはいませんでした。僕は自分のおチンチンも大好きでしたし。だってこんなステキな「うゆうゆ」をもたらしてくれるんですから！

さて「うゆうゆ」は質的にかなり向上しましたが、校庭のジャングルジムがないとできないのは問題でした。学校に行ってない時にも「うゆうゆ」がしたくなるからです。そこで僕はもう一段階の改良をしました。それはおチンチンを股と股に挟んで力んでいれば「うゆうゆ」が来るという発見をしたのです。

さぁこうなったら、「どこでもドア」ならぬ「どこでもうゆうゆ」です。椅子に座って足を組んで力めばできるのですから、教室内であろうと、電車を待っている間であろうと、家で勉強机に向かっている時であろうと、やりたい時はすぐに「うゆうゆ」タイムです。なにしろ精通前ですから、パンツも汚れないし、理想的でした。

今思えば、教室で赤い顔してウンウン力んでいたのですから、先生だって何してるかくらいはわかっていたような気がしますが……。

でも、こうやって、「うゆうゆ」を知ったおかげで、自分が性的な感覚を含んだ形で男の人を好きになることを小学校低学年からはっきりと実感していた「ませた子供」になったのでした。

しかしその後、中学の頃には、僕のような「男に性的に惹かれる男」には「同性愛者」という名前があって、世の中では「ヘンタイ」と呼ばれていることを知ることになるのです。

そして「うゆうゆ」にもちゃんとマスターベーションとかオナニーという名前があるのも知りました。こっちは「やりすぎると健康に悪い」そうです（昭和三十年代では、そういう扱いだったのです）。

でも、そんなこと知っても、時すでに遅し、今さらこの道は戻れないよっていう気分でした。だってすでに六年近く、二千回くらいは「うゆうゆ」しながら自分の「性的指向」ってやつをしっかり育ててきちゃってたんですから！

03

おとぎ話と反面教師

僕は、小学校の頃、ヨーロッパのおとぎ話が好きでした。読書が好きな子供で、いろんなジャンルの本を読んでいましたが、その中で格別お気に入りなのが、王子様とお姫様が登場するタイプのおとぎ話でした。

今振り返って考えてみると、僕がそういったおとぎ話を好きだった理由は、内容が恋愛ものだったからだと思います。話の展開に違いはあれ、結局最後は「二人はいつまでも幸せに暮らしました」と終わるものがほとんどです。それが好きだったのです。その点、日本のおとぎ話にはそういう恋愛がらみのものは少なく、おじいさんとおばあさんが主人公だったり、猿や狸ばかりがやたらと出てくるので、あまり好きではありませんでした。ちっともロマンチックじゃないんだもん……。

そう！　ヨーロッパのおとぎ話は、ちょっと難しく言えば「ロマンチック・ラブ・イデオロギー」に満ち溢れていたんですね。「恋愛こそが命をかけるにふさわしい価値のあるもの」で、その価値あるものを手に入れて、みんな最後は「（結婚して）いつまでも幸せに暮らす」という考え方です。僕にはそういう「刷り込み」がしっかり入ってしまったようなのです。

でも、僕は早くから男の人のことを考えて「うゆうゆ」をしまくっているような子でしたから、そういうイデオロギーの刷り込みにもおのずと限界がありました。僕の中では、おとぎ話によく出てくる、男なら常に勇敢で、女を守ってあげなくちゃならないとか、女なら常に男に従順で、優しくなきゃいけないとか、そういう「性別役割」にはあんまり関心がなかったのです。だから、読んでいる時にも、その時々で都合よく、王子様になったり、お姫様になったりしながら楽しんでいました。

僕が一番反応していたのは、いろいろな問題を乗り越えたあとに、二人が「いつまでも幸せに暮らす」という部分だったのです。

「いつか自分が大好きな男の人と幸せに暮らせたらいいな」って……。

こうして、いやらしいことを考えながら「うゆうゆ」をしまくってる一方で、「男の人と幸せに暮らすこと」を夢想するという、ちょっとヘンな子供が育っていたのです。

まぁ、近代の恋愛の最大の特徴は、恋愛と結婚と性の三位一体だ、なんていう言説もあるくらいですから、別にヘンではないのかも。

さて、空想上の世界では、王子様になったりお姫様になったり自由に夢を膨らませていましたが、唯一自分が知ってる現実の元王子様と元お姫様（僕の親父とお袋とも言う）は、僕から見て「いつまでも幸せに暮らしました」というおとぎ話のエンディングを生きているとは思えませんでした。

ひとまずここで、我が王国の話をしておこうと思います。おとぎ話として語るのを許してくださいね。だって、けっこうウットウしい話なので……。

その国の王様（親父のこと）は、豪放磊落《ごうほうらいらく》という言葉がぴったりの愉快で明るい方でした。しかしそれは、あくまでもお城の外から見た場合で、お城の中では横暴な権力者としての一面がありました。

王様にはたった一人の王子様がいました。（これって僕！）

王様は王子様を溺愛していましたが、一方で王子様のなにからなにまでコントロールしないと気が済みませんでした。それは妃である女王様に対しても同じでした。

女王様は、王子様にとっては継母にあたります。前女王様（僕の生母）は王子様が小学校に入る前の年に、ある男の方と駆け落ちをしてお城を出てしまわれたのです。新しい女王様は気性の激しいところがある方でしたが、王子様には優しく接していました（ここが、通常のおとぎ話と違うところですが……）。

王様と新しい女王様は恋愛の末、結ばれたので、最初のうちはとても仲睦まじく暮らしていました。しかし、そのうち争い事が絶えなくなったのです。

王様は何かというと「お前は誰のおかげで飯が食えてるかわかってんのか！」と怒鳴る方でした。国王には一切逆らってはならない、と教えられて育てられた王様には、女王様の気持ちを理解するのは難しかったようです。

そこで女王様が外で働くと言い出すと、「俺の稼ぎじゃ食えないって世間に吹聴して回る気か！」と怒り出すのです。前女王様が他の男の方と駆け落ちをしたトラウマもあって、嫉妬深く、女王様の外出さえ快く思わなかったのです。

その上、王様は酒乱で、酒に酔うと手がつけられない方でした。女王様に手を挙げることこそありませんでしたが、言葉の暴力はひどいものでした。女王様も激しい気性の方なので負けていません。

「もうたくさん！　こんな家、出ていってやるわよ！」と応酬します。

するとと王様は火がついたように叫び始めるのです。

「そんなことしてみろ。探し出してお前の一生メチャメチャにしてやる！」

今なら、そのようなことは口先だけで実際に行動に移すはずはない、と思えますが、王子様は怖くて仕方がありませんでした。

ある日、決定的な出来事が起こりました。

いつものように激しいやりとりの後に、女王様が覚悟を決めて、荷物をまとめ始めたのです。すると、王様は荷物をとりあげて中身を撒き散らすと、服の一枚一枚を引き裂き始めました。それは永遠に続くかと思うような恐ろしい時間でした。その時の布が裂ける音は、いつまでも王子様の耳に残りました。そして、それ以来女王様は王様に対して完全に心を閉ざすようになったのです。

王様に対する反発と女王様に対するシンパシーで、王子様は常に女王様の肩を持つようになります。女王様は口癖のように言っていました。

「あなたのママの気持ちがよくわかるわ。あなたのママには私にはない勇気があったのよ……」と。

王子様も、女王様に城を出るよう勧めたこともありますが、経済的に自立する手だてもなく、実家に帰るにはお姉様や妹たちの手前もあって決心が付かないようでした。なにしろ女王様には八人もの姉妹がいて、みんな「幸せな結婚」をして、その幸せぶりを競っているのです。女王様には我慢以外の道を選択する余地はないようでした。

そして二人は、冷戦状態のまま心を通わすこともなく、それぞれに相手の理不尽な態度に失望しながら、いつまでも、いつまでも、不幸せに暮らしました……。


ね、暗いお話でしょ。教訓には溢れているけど、おとぎ話としては夢がなさすぎ……。

僕は当然、親父に腹を立てていましたが、その状況から出て行こうとしないお袋にも腹を立てていました。その頃の僕はまだ、いろいろな問題を「男と女」という社会の仕組みに照らし合わせて考える視点は持っていなかったのです。

もちろん両親が年がら年中不幸だったかと言ったら、そんなことはありません。ただ、お互いに対して、いろいろ言いたいことがあるのに、「どうせ理解し合えない」と諦め、衝突を避けることを優先させて、理解し合うための努力は放棄していたのです。

僕にはそれが、人生を共にする関係として最も避けるべき状態だと映っていました。

おとぎ話の価値観と、反面教師としての両親の関係。

この二つはその後の僕の人生に決定的な影響を与えることになります。

04 性的に誰かに惹かれることは

僕にとって、中学高校時代は素晴らしい時代でした。

良い友人に恵まれ、その彼らと様々な話をしながら、その後の自分の核となる価値観を育てることのできた時代でした。本を読んでは語り、映画を観ては語り、一緒にいろんな体験をし、実に様々なことを語り合いました。それは、まるで絵に描いたような「美しい少年時代」だったのです。


学校は中高一貫教育の男子校でした。中学受験をして入るような進学校です。

中学校の入学式の写真が、卒業アルバムに残っています。それを見ると、生徒全員が正面を向き、しっかり口を閉じ、しかつめらしい顔をしている中で、なぜか僕だけがカメラに向かって笑っているのです。本当に楽しそうに、しかも、しっかり歯まで見せちゃって！

一見すると全員が同じように見えるのだけれど、じっくり見ていくと、間違い探しの答えを見つけたような、自分の屈託のない笑顔。一人だけ違う……。なんだか、この時代を象徴するようで、写真を見る度に気持ちの奥でチクリと針を刺したような痛みを感じます。

そう、僕の「美しい少年時代」には、笑っては済ませられないような問題がありました。あの「うゆうゆ」にまつわる僕の男の人への気持ちでした。

昭和三十年代の日本では「同性愛」はタブーだったのです。

今でこそ、海外から同性婚のニュースが伝えられるような時代になりましたが、一般的に「同性愛」は精神の発達異常か変態性欲の一つに考えられていました。

中学高校の頃は子供から大人への過渡期です。次々に体も心も変化していきます。その時期やスピードは人それぞれで、妙に大人びたのもいれば、まだまだ子供のままのもいる時期です。僕は、その中で、性的なことにはまだ目覚めていないフリをして、この状況を乗り切ることにしました。セックスに関することは「それって何？　わかんな〜い」という態度をとる作戦です。

ある時、僕が仲良しの級友と楽しそうに話をしていると、クラスのある子が「お前らホモじゃないのか？」と言いながら近づいてきました。

とうとう来た……と思いながら、僕は緊張しました。自分がその言葉で呼ばれる人間なのは確かです。動揺しちゃいけない。

敢えてその子に聞きました。「え？　ホモって何？」

その子はニヤっと笑うと、「辞書で調べてみろよ」と言ってその場を去りました。僕はこのままではいけないと思い、すぐ周りの級友たちに「○○君に、お前ってホモじゃないの？って言われちゃった。ホモって何？」と無邪気そうに聞いて回りました。級友たちはニヤニヤするだけでちゃんと答えてくれません。そうか、この子たちもやっぱり意味知ってるんだ。意地になって次々に聞きまくる僕……。

もし今の僕がその時の僕に会いにいけたら、そうやって無邪気さを演技している僕に「いいんだよ、そんなに無理しなくて……」と言って抱きしめてあげたいくらいです。

こんなさもない出来事でしたが、それ以来、僕はますます注意深くなって、性的な話題に巻き込まれないように気をつけるようになりました。

寝んねのフリは高校卒業まで続きました。六年間は実に長かった！

良い友人に恵まれての素晴らしい時期だっただけに、自分が持っている「いつも何かを隠しているという感覚」は、白いシャツに飛んだインクのシミのように、いつもそこにばかりに目が行きます。

性的に誰かに惹かれることは、「うゆうゆ」の時に誰を考えてやるか、というだけの問題ではありません。人を好きになること全てに関わってくることです。そして、人を好きになることは、人生全般に関わってくる問題なのです。このことを抜きに、文学を語ることも、映画を語ることも、恋愛を語ることも、夢や将来を語ることも難しいのです。

僕は友人といろいろなことを語り合ってきましたが、いつもそこだけはぽっかり開いた暗い穴のように語ることはできませんでした。

僕はこの六年間に「自分の気持ちを誰かにわかってもらいたい」という強い衝動を内側に感じながら、それを抑え続けてきたわけです。いつも何かわかってもらっていない感じ……。それが中学高校の時代の僕の基調となる気分でした。この時期に、僕の核の部分に「自分を理解してもらうことがとても大事だ」という価値観がゆっくりと結晶のように育っていったのは確かだと思います。


この暗い穴に光が差し込んできたのは、僕が大学に進んでからのことでした。

中学高校時代の「いつも何かを隠している感覚」は、僕の中に「いつも何かを言い足りてない感覚」を作りだし、何かを表現することを求めさせたようです。もともと絵を描くのが好きだった僕は、美術方面に進みたいと思うようになりました。建築家にしたがっていた親父を、お袋の応援を頼みに説得し、なんとか滑り込んだのが多摩美（多摩美術大学）の立体デザイン科でした。

その一年の時のデッサンのクラスで出会ったのが、僕にとって初めてのゲイの友人となった男の子でした。

教室に学生が交流できるようにと用意された自己紹介用のノートに、彼はこんなコメントを残していました。

「僕は森永ホモ牛乳が大好きです」

僕はこんな短いメッセージに万感の思いを感じました。ああ、ここにも僕と同じように、自分の気持ちを誰かにわかってもらいたいと思っている人がいる。これは「叫び」なんだ!

そのコメントの主を捜して、声をかけてみると、果たして彼はムンクの「叫び」に出てくる人にそっくりの細身の男の子でした。その細い彼は、知り合ったその日に、自分のことを「キューピー」と呼んでくれと言いました。子供の頃は丸々と太っていて、セルロイドのキューピーさんにそっくりだったので、そう呼ばれるようになったのだそうです。

「変わってる子だなぁ……」

それが僕の、彼に対する第一印象でした。小学校、中学高校でずっと他の子とどこかで馴染めなかった僕もきっと変わった子だったはずです。その変わった子が、細い体に細い顔なのに自分をキューピーと呼ばせ、森永ホモ牛乳が大好きだとメッセージを残す、変わった子と出会いました。

二人はあっという間に誰よりも親しい友人となりました。

お互いがゲイだと話すのに時間はいりませんでした。最初から、お互いにそうだと踏んでいたのですから。

二人とも長い間、小さな、だけど重たい秘密を小箱に入れて鍵をかけてきたのです。それを相手の前では安心して蓋を開け、中身をそこいら中にぶちまけられるのです。ああ、なんという解放感でしょう!

こんな出会いを与えてもらえて、僕は神様仏様に感謝したい気持ちでいっぱいになりました。

キューピーとの出会いのお陰で、大学に通った四年間は実に愉快に過ごせました。彼となら、映画を観てもどの男優がタイプだったかを話せます。講義の話をしながら、教室のどの男の子がいけてるかを話せます。家族の説明をしながら、自分の「秘密」を家族に言えないもどかしさを語れます。将来の人生プランを語り合う時に、いつか出会うであろう男の恋人との夢物語も混ぜ込むこともできます。

こんな、さもない楽しさは、彼と出会う前の僕には無縁のものでした。僕は手に入れ損なった「本来の少年時代」を取り戻すかのように、この楽しさを味わい尽くしていました。

でも、いつまでも二人でつるんでばかりいるわけにはいきません。お互いが秘密を共有できる唯一の人間、という状況から脱出しなければならないのです。僕たちは、それぞれに少しずつ小さな冒険を重ねていきました。

ゲイが集まるという噂の映画館で手を出された！

電車の中でゲイと思しき人から色目を使われた！

たわいもない冒険の競い合いを繰り返しながら、僕たちは、新宿二丁目という大勢のゲイが集まる新しい世界への旅立ちを準備していたのでした。

05 新宿二丁目は夜の街

新宿二丁目はゲイの街です。レズビアンやバイセクシャルの人もやってきますが、この街で圧倒的な存在感を誇っているのは、やっぱりゲイです。この街には二百軒とも三百軒とも言われるほどのバーがあって、週末ともなると何千人ものゲイが遊びにやってきます。

僕がこの街に通うようになったのは、今から四十年ほど前になります。キューピーが、小さな冒険の最中に知り合った人から新宿二丁目の店を教えてもらったのです。それをきっかけに、僕たちとこの街の付き合いは始まりました。

僕が、この街に来るまでに持っていた新宿二丁目に関しての情報は「たくさんのホモの人が集まる街」くらいのものでしかありませんでした。

今「ホモの人」と言いましたが、ここで、ちょっと言葉の説明をしておきますね。当時は「同性愛者」が自分たちを指す言葉は「ホモ」というのが一般的でした。「オカマ」という言葉を使う人もいましたが、それはその言葉が差別的な蔑称であることを承知した上で、敢えて自虐的に使っている場合が多かったようです。「しょせん俺たちオカマはさ……」みたいに。

当時は、今でいう「ニューハーフ」のように女性の格好をしてお客さんを楽しませるサービス業に従事する人たちを「ゲイボーイ」と呼ぶことが多く、それを短く略して「ゲイ」と呼ぶこともありました。また一方で、アメリカでは「ゲイ解放運動」が起こり、プライドを持って自分たちのことを「ゲイ」と呼んでいるという情報が日本にも入ってきていて、その影響で同性愛者を「ゲイ」と呼ぶ人もいたのです。

「ホモ」という言葉は、僕が中学でクラスメートにニヤニヤしながら「お前らホモじゃないのか?」と言われたように、一般の社会では嘲笑や侮蔑として使われることがほとんどでした。そこで「ホモ」という言葉を嫌う同性愛者も多かったのです。また一方で、「ゲイ」という言葉が「ゲイボーイ」を連想させるので絶対にイヤだという同性愛者もいました。

また「同性愛者」という言葉を嫌がる同性愛者もたくさんいました。

「同性愛」というのは、もともと精神医学の世界で生まれた言葉です。医学の言葉ということは、そこには「病気」という発想が含まれているわけです。自分たちを表す言葉が病気を表しているなんて気にくわない、という気持ちは解ってもらえるのではないでしょうか。

実際、世界保健機関（WHO）の国際障害疾病分類から「同性愛」が削除されたのは一九九〇年です。

これほど言葉にセンシティブなのは、言葉は意識と分かちがたく結びついていて、意識しだいで、傷つけられたり、自信を持てたりすることを、多くの「ゲイ」が経験してきたからでしょう。

僕自身は最初「ホモ」という言葉を使っていましたが、ゲイ解放運動の情報に割と早くから触れるチャンスがあり、それ以後は「ゲイ」という言葉を、意識的に、使うようにしてきました。

ちなみに「ゲイでない人」のことは、「そのケがない」という意味から「ノンケ」という言い方をする人が多いです。僕もこの「ノンケ」という言い方を使っています。これ以外に、英語の「ストレート」という言い方を好む人もいますし、「ヘテロ」と呼ぶ人もいます。


横道にそれてしまいました。戻りますね。

僕が持っていた新宿二丁目に関しての情報は「たくさんのホモの人が集まる街」くらいのものでしかありませんでした。後は都合の良い勝手な想像で、自分なりのイメージを作り上げていたのです。

そこにはステキな出会いが溢れているはず！　キューピーと出会えただけで生活がこんなに充実したのだから、もっといろんなホモの人と出会ったら人生はバラ色になるかも！　そこには相思相愛になれる人がいて、ひょっとしたら「いつまでも幸せに暮らしました」なんてことになっちゃうかも！

期待と願望がゴチャ混ぜになって、夢のような場所が頭の中にできあがっていました。

実際に通うようになってみると、少し予想が外れました。確かに、たくさんのゲイで溢れかえっていましたが、そこに集まる人は「同性に性的に惹かれる」という部分を共有しているだけで、ゲイ同士だからすぐに意気投合できるわけでもなく、簡単に相思相愛の人に出会えるわけではありませんでした。

しかし、なんと言ってもこの街には、この街独特のステキな雰囲気が満ち溢れていました。

それは開放感です！

ここに集まる人のほとんどが、僕やキューピーと同じように、家でも職場でも学校でも「言いたいけど言えないこと」が漏れないように心に栓をして生きているのです。その栓を抜ける数少ないチャンスを与えてくれる街に来ればどうなるかは簡単に想像できるでしょう？

日頃の憂さを晴らすように、みんながその栓を勢いよく抜くわけです。

狭い地域にバーが密集している新宿二丁目。ここなら栓を抜いていいとみんなが思う。その思いが小さな街の隅々まで行き渡って、独特の開放感を醸し出しているんです。

僕もキューピーも、最初はこの開放感に酔いしれました。日常の生活では、それほど意識されるわけではないにしろ、いつも何かを避けたり、恐れたりしているのに、この街に来ると、怖いものなんてないような気になれるのです。遊園地に初めて来た子供のようにはしゃいで、好みのバーをいくつも巡って遊んだものです。どこに行っても「どんな男が好きか」話で盛り上がり、セックスもそれなりにやりました。毎週末に二丁目に行くのが、楽しくて仕方がないという状態が続きました。

だけど、この雰囲気に慣れてしまうと、はしゃいでいた反動もあって、今度はちょっとネガティブなところも見えてくるようになってきました。

どうやら、この街の人間関係には「夜の社交」しかないようなのです。

ほとんどの人が本名を明かさずに、あだ名で呼び合っていましたし、仕事や家族に関すること、言い換えれば、その人の「昼の顔」が判明するような情報に関しては、尋ねないようにするのが一種の礼儀となっていました。

「ある人が誰かと寝たこと」は翌日には「みんな」が知っているのに、「その人が昼間どこで働いているか」は誰も知らないなんていう話は、ここではごく普通のことでした。

ここは楽しく遊ぶ街。でも「昼の生活」とは一線を画しておかなければならない。こんな不文律ができあがっていて、ほとんどの人がそれを受け入れているようでした。ある程度の年齢になったら、結婚をしなくてはいけないと考えている人が圧倒的に多く、そう考えている人は余計にこの不文律に納得していたようです。どんなバーに行っても、実際に結婚している先輩たちが遊びに来ていて、どうやって「家庭にバレないように」遊ぶかのノウハウを不安顔な後輩たちに笑顔で教えてくれます。

僕は、この街が大好きでしたが、どうしてもこの「昼」と「夜」を切り替えて遊ぶという考え方には馴染めませんでした。馴染めないというより、こういう考え方そのものに腹立ってさえいました。

僕がこの街に期待していたのは、「いつまでも幸せに暮らせる」人との出会いでした。「昼用の人」には本音が言えず、「夜用の人」には「昼の世界」に入ってきて欲しくない、なんていう関係は問題外なのです。

行きつけのバーで、そんな思いを口にしたところ、辛口トークが売りのマスターに「夢見るシャンソンおかま」というありがたくもない称号を与えられてしまいました。

これは、僕が二丁目にやってくる少し前に流行した、フランス・ギャルという少女歌手のヒット曲「夢見るシャンソン人形」のもじりなんです。

口惜しかった……。でも「今に見てらっしゃいよ！」と思いながらも、経験もない自分には反論もできない。

周りを見ても、男同士で長い関係を築いているカップルさえ会ったことがない。そんな状況を長い間、目の当たりにしてきた人たちは口を揃えて言う、「男同士の関係は長くは続かないの!」って。

僕の気持ちをわかってくれるのはキューピーくらいでした。でも、その彼だって田舎の両親のことを考えると「結婚はしない」とまでは言えません。

やってみせるしかない。でも、果たして僕と同じような思いの人っているんだろうか。

小さい頃からの夢を叶えられるかもしれないと、自分の味方になってもらうつもりで来た街。その街からちょっと疎外された気分を味わいながら、僕は「その場で足踏み」をし続けるしかありませんでした。

06 セックスというドア

ゲイリブという言葉を聞いたことがあるでしょうか?

リブはリベレーションの略語で、「解放すること、自由にすること」という意味です。ゲイリブはゲイ・リベレーション、すなわち同性愛解放運動という意味で、同性愛者が、「同性愛であることを嫌悪するものの束縛」から自由になって、自分が納得する形で幸せになろうとするための運動を示しています。これは七十年代にアメリカを中心に盛んになってきた運動です。

中学三年か高校一年くらいの時だったでしょうか、当時住んでいた自由が丘の駅前にあった本屋の洋書コーナーで、偶然「The Homosexual Explosion」(同性愛の急増)というタイトルのペーパーバックを目にしました。家から歩いて数分の近さの本屋に、長い間自分の胸にしまいこんでいた「秘密」がタイトルになった本を見つけるなんて、最初は自分の目を疑いました。このことに関しては、誰とも話せずにずっと天涯孤独という感覚でいた僕は、高ぶる気持ちを抑えながら、その本を買い求めました。

しかしその本は、当時の僕の英語力では、理解するには難しすぎる内容でした。それでも辞書を引き引き、読めそうな箇所を読んでみると、「古来、偉人には同性愛者が多かった。ソクラテス、アレキサンダー大王、レオナルド・ダ・ヴィンチ、ミケランジェロ……」というようなことが書いてありました。教科書に出てくるような人の名前が連なっていることに、ビックリすると同時に、嬉しさがこみ上げてきました。

勢いづいて先に進むと、「歴史の中では同性愛者が様々な扱いを受けてきた」(ふーん……)とか、「現代では、それを治療する方法も考えられ、多くの同性愛者が電気ショックを受けさせられたり、薬を与えられたりしている」(怖!)とか、「同性愛者と言われる人は世界中にたくさん存在している」(ホント?)とかが、断片的ですが頭に入ってきました。そして本の最後に、アメリカ各都市にある同性愛者のための親睦団体の連絡先がリストアップされていました。団体によってはブックレットを刊行しているようです。

僕は思い切って、そのいくつかの団体に、つたない英語でブックレットを送って欲しいと手紙を書き送ってみました。なんのことはない、ブックレットに男の人のヌード写真が載っていることを期待したのです。

何ヶ月も経って、ある団体からブックレットが届きました。果たして、そこには完全なヌードではないけれど、おへそが隠れるほど大きな白いパンツをはいた裸の白人青年が岩の上に立っている写真が載っていました。僕はそのブックレットを持って、すぐにトイレにこもったことは言うまでもありません。

どれだけ、その、どうってことのない写真でマスターベーションをしたことでしょう。でもその合間合間に、また辞書を引きながら文章も読んでみました。そこには「同性愛は自然な営みだ」、「社会の偏見を変えていく運動が必要だ」、「自分が自分であることに誇りを持って生きよう」というようなことが書かれていました。

このメッセージに僕は大きく揺さぶられたような思いがしました。なにしろ、英語で書かれていたとは言え、同性愛に関して生まれて初めてポジティブなメッセージを受け取ったのです。それは渇ききっている僕の心に深く浸みこんでいきました。自分に自信が持てず、孤独な思いに苦しんでいる時に、自分を肯定してくれる情報に出会えたなんて、なんと幸せなことでしょう。

大きな白いパンツをはいた青年の写真は半年もしないうちに、見ても興奮さえしなくなってしまいましたが、このメッセージはその後の僕の人生にいつまでも大きな影響を与えることになります。

これが僕とゲイリブとの出会いでした。この時から、アメリカは、自分を肯定してくれる情報を発信している重要なセンターとして認識され、いつかは行ってみたい憧れの国の一つとなりました。


さて、新宿二丁目で「その場で足踏み」を続けていた「夢見るシャンソンおかま」の話に戻りましょう。「今に見てらっしゃい！」と力んで頑張ってはみたものの、そんなに簡単に長く付き合える人に出会えるわけもなく、短い「出会いと別れ」を繰り返しているうちにどんどん時間が過ぎていきました。

実は、二丁目はセックスへの敷居がないと言ってもいいほどの場所で、ここでは初めて会った人同士でも、お互いに気に入ればその日のうちに「寝る」というのはごく当たり前のことでした。

男同士のセックスは子供ができるわけでもなく、ブレーキをかける必要がありません。ＨＩＶの問題も存在しない、のどかな時代のことです。まるで一緒に食事をするような感覚で、誘い、誘われて、一夜を共にする人たちで、この街はいっぱいでした。街全体に「セックスはどんどんやってなんぼのもん！」みたいな雰囲気がみなぎっていたように思います。

でも、僕はこの部分には馴染めませんでした。「付き合いを前提としてないセックスはしたくない」なんていう「きれいごと」を考えていた子でしたから。

とにかくこの街では、セックスだけを求めていようと、お付き合いを求めていようと、まず「セックスというドア」を開けるしかなかったのです。いい感じだなと思った人がいたとして、その人もこちらに興味を持ってくれていたら、できるだけ早くセックスをする方向に動かないと、向こうは関心を持たれていないと判断して、他の人に向かっていってしまうのです。

僕もずいぶん扉を開けてみました。ノックして、ドアを開けて中に入ったら、もうそこは外だった……なんてこともたくさんありました。え？　もうこれで終わり？

深く付き合うことを嫌う人もたくさんいるので、一度寝たら興味を持たれたくなるなんてこともザラでした。そういう人には、当時「ワン・ステップ」という名前がちゃんと用意されていましたし、寝た人の数を誇り合うような「文化」のようなものさえありました。

こういう環境では、ゆっくり関係を築いていくのは本当に至難の業です。

僕もそういう環境の中で、よさそうな人だと思って寝てはみたけど、結局自分が求めている人とは違った、なんていう繰り返しを続けていたのです。これが、さっき書いた——短い「出会いと別れ」を繰り返していた——という部分の中身です。

周りの辛辣な連中から「きれいなこと言ってたって、やっぱりあんただって同じ穴のムジナじゃないの。しょせん男同士の関係は長く続かないってのがわかった？」なんて憎たらしいこと言われても、グーの音も出ない僕……。

だんだん、僕は二丁目がうっとうしくなってきました。

同じ頃、僕は「昼の世界」でも行き詰まりを感じ始めていました。大学は卒業したものの、自分のやりたいことが見つからず、バイトに明け暮れる毎日。なにか自己表現をしたいとは思っているけど、その方法が見つからない……。

どんどん自信がなくなっていました。

こういう時に頼りになるのが友達。でもキューピーは二丁目に出てきてから「外専」への道を一気に突き進んで、当時のゲイの首都、ニューヨークを目指して貯金を始めていました。

「外専」というのは「外人専門」というのを縮めたゲイの俗語で、主に白人が好きなゲイにつけられた呼び名です。「外人」と言っておきながら、なぜ白人なのかというと、この言葉ができたのは終戦直後で、その頃の外国人といったら基本的にアメリカの白人のことだったわけです。そこから、こんな風な使われ方をするようになったのでしょう。

キューピーがニューヨークに行こうとしていたのは、好みが身体の大きめな白人だったから、というだけでなく、日本にいると家族や社会のしがらみの中で自分の望む人生を送れない、と予想していたからだと思います。

いろんなことが煮詰まっていました。閉塞感。自信喪失。現実逃避の願望。

僕の中である思いが大きく育ち始めました。

僕もアメリカへ行ってみよう。あそこは僕を肯定してくれる国だ。アメリカに行ったら、なにかが見つかるかもしれない。

そうだ！　どうせならキューピーも目指しているニューヨークへ行こう！

——それがやっと見つかった結論でした。

なにもかもを中途半端な保留状態にしたまま僕はせっせと貯金に励み続けました。そして、その貯金の何倍もの金を親に無心して、僕が憧れのアメリカに出発したのは一九七五年、昭和五十年のことでした。

一ドルが三百円もして、外貨持ち出し限度が三十万円という時代で、成田空港はまだなく、羽田空港からの出発でした。

07

幸せな人生のイメージ

一九六九年六月二十八日、ニューヨークのグリニッチ・ビレッジにあるゲイバー『ストーンウォール・イン』で事件が起こりました。

当時、ゲイバーに対しては、毎日のように警察の嫌がらせ捜査が繰り返され、バーに集まるゲイやレズビアンの怒りは沸点に近づいていました。同性同士でキスをした。同性同士で手を繋いだ。異性の服装をしていた。警察はそんな理由でいくらでも逮捕ができる時代だったのです。

その日も、当たり前のように行われた嫌がらせ捜査に対して、いつもはされるがままだった客が初めて反撃に出たのです。きっかけは我慢しきれなくなったトランスジェンダー（女装をした男性）が警官に向かって小さな物を投げつけたことだったようです。警官はすぐさま暴力的に反応、それに呼応してゲイバーに居合わせた人たちも一斉に投石を開始。みるみる騒ぎは大きくなり、近所に住むゲイやレズビアンも集まってきて、日頃のうっぷんをはらすように投石する群れに加わりました。一時は警官を店内に閉じこめるまでの大群衆になったという話です。

その後警察も応援を派遣、結局はたくさんの逮捕者を出して、この暴動は鎮圧されました。これが「ストーンウォールの暴動」として語りつがれるようになった、ゲイやレズビアンにとって記念すべき事件のあらましです。

なぜ、この事件が記念すべきものかというと、この事件をきっかけにゲイリブ運動が大きく転換し、新しい時代が始まったからです。今までのように、ただ大人しく嫌がらせを我慢しているだけでは状況は何も変わらない。不正なことに対しては闘っていかなければならない。そういった意識がゲイやレズビアンの間にものすごい勢いで広まっていったのです。


僕が人生に劇的な変化を期待してアメリカに着いたのは、このストーンウォールの暴動からたった六年後のことでした。

バーモント州にある学校で三ヶ月の英語短期集中クラスを終えるとすぐに憧れのニューヨークに向かい、そこに住む友人のアパートに転がり込んだのが七月の初旬でした。

もちろん、すぐにグリニッチ・ヴィレッジに行ってみました。暴動の舞台となったこの街は、ゲイやレズビアンが多く住み、独特のコミュニティを作っている場所です。そこを訪ねるのは僕にとって長い間の夢だったのです。

高い建物が少なく、緑の多い古い街並みが残ったグリニッチ・ヴィレッジは、ニューヨークの中でも穏やかな感じがする街でした。その日は気持ちの良い天気で、ここで暴動があったなんて、ちょっと想像できないくらいにのどかな雰囲気に包まれていました。

『ストーンウォール・イン』を探しながら辺りを歩き回ってみたのですが、結局見つけることはできませんでした。どうやら、その時にはすでに閉店していて、バーとは関係のない別の店になっていたようです（ずっと後、九十年代になって同じ名前のバーが再開されたという話です）。

歩き回ってみると、ゲイやレズビアンと思しき人たちがたくさん目につきました。男同士の二人連れも「昼の日中から」手を繋いだり、お互いの腰に手を回したりしながら歩いています。僕には、午後の光の中を仲良さそうに歩く二人が眩しく見えました。

「ここには昼の生活がある……」

夜しかない二丁目だけで解放されてると思ってたなんて、僕たちってまるでドラキュラみたいなものだったのね、と自嘲的な気分になりながらも、僕は彼らの姿につい微笑んでしまうのでした。

雑貨屋から買い物を終えたゲイのカップルが出てきました。きっと近くに住んでいるんでしょう。ひょっとしたら一緒に住んでいるのかも……。手には茶色い紙袋を抱えて親密そうに寄り添いながら歩いています。その紙袋からは買ったばかりのワインの瓶の頭や緑の野菜の一部分が見えています。それは同時に彼らの生活というものの一部分が顔を覗かせているようにも見えました。

「これが欲しいんだ」と僕は心から思いました。

いつまでも幸せに暮らす……。漠然としたイメージを持ちながらも、具体的に何を目指していけばいいのかがわからなかった僕の頭の中に一つのヴィジョンが見えてきました。それは「生活感」というものに裏打ちされた「幸せな人生のイメージ」でした。僕の中では「いつまでも」と「幸せ」はそれなりに意識されていたのだけど「暮らす」という部分がなんとなく曖昧なままだったのです。親密な男二人が抱える紙袋からはみ出している「生活」が、僕にそれをはっきりと意識させたのだと思います。

僕は、好きになった人と生活を共有することを求めている。それが、この時の「これが欲しいんだ」という言葉に凝縮していたんでしょう。

百聞は一見に如かず。見るということは、本当に重要です。その見たことが、僕にヴィジョンを与えてくれたのですから。ヴィジョンという言葉には「将来の見通し。構想。未来像」という意味がありますが、もともとは「見ること」という意味から生まれたという話に納得がいきます。

僕は、早々と、アメリカに来た理由に対する答えを見つけたような気分になっていました。


ニューヨークは刺激的で活気に溢れた街でした。歩き回っているだけで元気になるような気さえしました。やりたいことは何でもやっていいような気分にさせてくれるポジティブなエネルギーに満ちている街でした。そんな中で、僕はファイバーアート（繊維を素材にしたアートの総称）にも出会いました。これは、僕がこの後十年ほどの間、夢中になって作品を作り続けたジャンルです。

毎日が楽しく、「自分には不可能なことがない」と思えるようなハイな気分のまま、時間がすごいスピードで流れていきました。

でも、楽しいことには、すぐに終わりが来る……。

ニューヨークに出てきた段階で、僕のビザは三ヶ月を残しているだけだったので、日本に帰る準備を始めなくてはいけなくなりました。

アート関連の本やゲイ関係の本を買い漁りながら、僕はこのニューヨークで掴んだヴィジョンを、早く日本で実現させたいと武者震いするような気分になっていました。

08

「その人」が見つかった？

まっさらなキャンバスに絵を描くように、新しい人生を始める気分で日本に帰ってきた僕を迎えたのは、描きかけのままの放り出してあった、自分の生活と状況でした。

二丁目に出てみれば、相変わらず、長く付き合うことを意識している人に出会うのは難しい状態でした。それでも何とか付き合い始めてはみる。相手の中に「この人は違う」という部分を見つけては別れる。結局は前と同じように、短い「出会いと別れ」を繰り返すだけ。

グリニッチ・ヴィレッジで見たゲイ・カップルに刺激されて膨らんだ、「男同士の生活感溢れる幸せな暮らし」への期待はゆっくり萎んでいくのでした。

でも、日本を離れていたのは七ヶ月。何も変わってないのは、当たり前です。

インランちゃんと出会ったのは、そんな頃でした。

インランちゃんとは、僕が足繁く通っていたゲイバー『ぱる』で会いました。僕を「夢見るシャンソンおかま」と表現したクロちゃんが働いていたバーです。クロちゃんはあだ名を付ける名人で、店に来る客はクロちゃんに片っ端から名前を付けられていました。僕も行き始めの頃は「コグレちゃん」と呼ばれました。僕の顔にあるホクロが当時の有名女優・木暮実千代と同じ場所にあったからという理由です。そのうち「ホクロちゃん」と変化、最終的には僕の名前からとった「ター坊」に落ちつきました。

二丁目では昼の生活と夜の生活は混じり合わないようにするのが「常識」で、あだ名を使うのが普通でした。それに加えて、水商売では次から次へと新しい客が来るので、名前を覚えるのが大変です。名前というものは、本人の特徴とは関係のない単なる「符号」ですから、覚えにくいのです。その点、あだ名は第一印象や強烈なエピソードから作り出す名前ですから、付けてしまえば思い出すのも簡単です。そこでクロちゃんもあだ名を活用していたのでしょう。

「インランちゃん」は、「淫乱旅館」から、クロちゃんが付けた名前でした。

淫乱旅館とは、ゲイのための簡易旅館のことで、気軽にセックスをできる場所として経営されていました。そういう旅館のことを、当時のゲイが軽く自嘲的な意味を込めて淫乱旅館と呼んでいたのです。

安い値段で泊まれて、お風呂にも入れる。暗い大部屋でたくさんのゲイが寝ているから、手を出すもよし、手を出されるのを待つもよし。お互いに気に入れば、その場でセックスを始めることもできるし、個室に行って二人だけで好きなこともできる。そんな施設が淫乱旅館です。

ただ、セックスに対する敷居が低い二丁目でも、淫乱旅館に行ってるのは、ちょっとおおっぴらにしにくい雰囲気がありました。そんな中で、インランちゃんは「あたしは淫乱旅館、好きよ。淫乱旅館で、みんなの見てる前で淫らなことするのダ〜イ好き！」とクロちゃんに言い放ったので、ある種の賞賛を込めてそう呼ばれるようになった、という話でした。

初めて彼に会った日、僕はたまたま彼の隣の席に座っていました。顔を見ると僕のタイプ。うん、いける感じ！

クロちゃんが紹介してくれて、名前の由来まで教えてくれました。僕は淫乱旅館には行ったことがなかったし、セックスは付き合いを前提にしていないのは嫌だ、というような考え方を持ってましたから、彼の名前には正直言ってかなりビビりました。

でも一方で「潔くていいな」という気持ちもありました。インランちゃんのセックスに対するポジティブな態度には一種の羨ましささえ感じたのです。

当時、僕は自分のセックス観にある種の劣等感を持っていました。セックスを特別なものとして捉える考え方が古くさく後ろ向きな感じがしていたのです。実際に二丁目では多くの人がもっとカジュアルな気持ちでセックスをしていました。まるで食事を一緒にするくらいの感覚で。

ゲイの世界だけでなく、日本の社会にも「性は解放されるべきだ！」という考え方が広まり始めていた時代です。どこか、自分は取り残されている、という感じがしていました。情緒的には「自分の感覚は譲れない」という気持ちと、頭の中では「進歩的にならなければ」という考えがあり、この二つがぶつかり合って「どんより曇り空」の状態だったのが、この頃の僕だったのです。

そんな僕には、インランちゃんは雲一つなく晴れ上がった青空のようにさわやかに見えたのでした。

クロちゃんに紹介されて、インランちゃんは僕をチラっと見ると
「坊やは、どんな人がタイプなの？」と聞いてきました。二十七歳にもなってる僕に向かって「坊や」かい！とは思いましたが、

「あなたみたいな人」と答えました。すると、彼はすかさず
「じゃ、今度寝ましょ」と流し目で返してきました。

そんな会話をキッカケにインランちゃんとデートをするようになりました。


彼は二十六歳。なんと僕より一つ年下でした！　二丁目に出てきたのが遅かったので、今さらウブっぽいイメージで行くのも気恥ずかしく、敢えて大姐御といった風情で売ってきたんだそうです。

いつもタバコをふかしながら、ちょっとアゴを突き出しながら低めの声でゆっくり喋る様は、マルレーネ・ディートリッヒを彷彿とさせました。ちょっと作り過ぎじゃないかな……と思うところもありましたが、もっと「普通っぽく」していれば、それなりに「さわやか青年」でも充分通るところを、敢えて大姐御をやっ

てるところが、僕にはステキに思えました。二丁目には、モテるために自分を男っぽく演出するのに汲々としている人もたくさんいて、どうもそういう人のことを好きになれなかったのです。そういうのに比べたら、よっぽど潔いと思えたのです。

こんな風に思ったのは、多分、早い時期に好きになり始めていたからなのかもしれません。好きになると、なんでも良い方向に考えてしまいますから。実際、デートを重ねセックスもした頃には、僕はすっかりインランちゃんに夢中になっていました。

週に何度も会うようになり、いろんな話をすればするほど、ますます好きになっていきました。

彼は自分の家庭のことを含めて私生活に関する話を、僕にどんどん話してくれました。二丁目では、自分の身元がわかるような情報を、知り合って間もない人には言わないのに、彼は気にする様子も見せません。それどころか、僕を両親と一緒に住む家に連れて行ってくれました。彼はご両親にはカミングアウトはしていなかったので、友達と紹介されましたけど。

そのうちに月に一、二度は泊まりにいくようにさえなりました。

彼のウチでは、僕を特別なお客さん扱いせずに、家族の晩ご飯の仲間に入れてくれました。お風呂をもらって、借りたパジャマを着て、洗い髪のままみんなでテレビを見ながらたわいもない話ができました。

ホントに気取ってない、だけど家族として受け入れられた感じのするもてなしです。風呂上がりによく夏みかんが出てきたのですが、お母さんが夏みかんを持ってくると、すかさずインランちゃんが新聞の折り込み広告をランチョンマットのようにみんなの前に置きます。食べ終わった時に食べカスをくるんで捨てられるように。わぁ、家族の連係プレーだ……。

今までゲイの人と出会って、こんな自然体な扱いを受けたことがなかったので、僕は感動すら覚えていました。

彼は、ここまで僕のことを信頼してくれている。

グリニッチ・ヴィレッジで見たゲイ・カップルの姿が目の前にちらつきます。

今回はいけるかもしれない。

やっと「その人」が見つかったのかも。

そう思うと、彼に対する気持ちが熱くなっていくばかり。彼のことを考え始めると、好きでたまらなくなります。自分の気持ちをコントロールするのさえ難しくなってくるほどでした。

09 不安のコントロール

誰かに恋愛感情を持つと、その人から嫌われないようにするために、自分の本当の気持ちを抑え込んでしまうことがあります。自分とは違った、相手にとって望ましい誰かを演じてしまうような……。そして、恋愛感情が激しくなればなるほどその傾向は強まり、自分を見失ってしまうことも起こるようです。

インランちゃんに夢中になっていた僕は、こういう状態に陥ってしまっていたようでした。

僕たちは、とてもうまくいっているカップルでした。

僕は彼のご両親にも友人として受け入れられていたし、僕の家でも、彼は「僕の大事な人」だとわかってくれていました。気兼ねなく泊まりに行ったり来たりできました。特に、僕の母親は彼のことを気に入っていて、僕がいなくても彼と話し込んだりするほどでした（僕はゲイリブの影響を受けていたので、かなり早い時期に両親へカミングアウトを済ませていたのです）。

二丁目の仲間内でも、僕たちのオシドリぶりは目に付いたようで、最初は「いつまで持つのやら……」と様子見の連中にも、そのうちに「ひょっとしていいところまでいけるかも……」と思ってもらえるようになってきました。

僕たちは、ちょっとした空き時間を見つけては会うようにして、一週間に三〜四回は会うというペースが続いていました。

なんだか、うまくいき過ぎて怖いような気さえしたのです。

でも、たった一点だけ不安がありました。それはインランちゃんという名前の由来、雲一つない青空のように晴れ上がった、あのセックス観です。こんなに大好きな人が、他の誰かとセックスをするのかもしれないと思うだけで、嫉妬の感情が湧き上がって、大声を上げたくなるのです。

想像力というものが、こんなに自分を苦しめるものだとは思いませんでした。妄想というやつです。勝手な妄想が次々に生まれては、僕の心を苛みます。その妄想は、耐えられなくなった僕が、うまくいっている関係をメチャメチャに壊すところで終わるのです。これは恐怖に似た不安でした。他がうまくいっている分だけ、たった一つの不安がいつも頭の中を駆け回っていました。

頭の中では、これは自分の問題だとわかっていました。インランちゃんは一度だって具体的に何かをして、僕を傷つけたりはしなかったからです。でも自分では、この問題にどう対処したらいいのかわかりませんでした。

僕はなにかにつけて、インランちゃんに浮気をしないように頼みました。もちろん、できるだけ明るく押しつけがましくならないように気を遣って……。

彼は浮気をする気はなかったようですが、いつも「先のことはわからないけど、今はしない」という含みを持たせた言い方で、僕の痛痒そうな反応を見るのを楽しんでいました。

彼としては、嫉妬を感じるくらいにしておいた方が、自分に対して夢中でい続けるのではないか、と考えていたのかも知れません。そして、それは正に的中していました。実際、僕は気持ちをかき立てられ続け、いつまでも彼に夢中でした。その替わり、僕の心は安らぐことはありませんでした。水を飲んでも、飲んでも、ノドの渇きが癒えない感じです。

でも、僕はその問題を放置しておきました。というより、それほど大きな問題だという認識さえしていなかったのでした。

インランちゃんに出会う前の僕は、短い「出会いと別れ」を繰り返していました。良さそうな人だと思って付き合いを始めてみるけれど、どこか違うとか、何かが気に入らないと思うと、この人は「その人」ではないと判断して別れるという繰り返しでした。

このやり方でいいのだろうかという疑問も膨らんでいました。

「誰にだって嫌な部分がある。我慢することも必要なのでは」

そんな反省も生まれていました。

まして、インランちゃんは、僕に「その人」かもと思わせてくれた、初めての人です。やっと見つかった「その人」に対して「この程度のこと」に我慢もできないのは、自分の嫉妬深さが悪いと結論づけていたのです。

インランちゃんはインランちゃんで、僕の「古いセックス観」を矯正しようと教育を始めました。彼にしてみたら、僕が単に経験が少ないので、セックスに対して偏見を持っていると思ったようです。彼に誘われるままに、一緒に淫乱旅館に行ったこともありました。

大部屋で寝ていると、入れ替わり立ち代わり、人がやってきて手を出してくるので、僕は一晩中、インランちゃんのおチンチンを「誰かに盗られないように」握ったまま、まんじりともしなかったなんて経験もしました。

当然のことながら、これは逆効果以外の何ものでもありません。僕は以前より嫉妬深くなりました。存在しない浮気相手に嫉妬しまくる恐ろしい状況です。

「浮気をしないでね」という言葉も前よりもっと頻繁に僕の口から出るようになり、インランちゃんもいさかウンザリするようになってきました。

「あなたと付き合ってから、一度も浮気をしたことはないの！　それなのに、そんなことばっかり言って。いい加減にして！　こんなこと繰り返していたら、いつかあなたのことをホントに嫌いになっちゃうかもしれないからね」

珍しく本気で不機嫌な彼の言葉に、僕は恐怖を感じました。

インランちゃんだけには嫌われたくなかったのです。こんなことで嫌われたら元も子もありません。僕は必死の思いで言いました。

「ごめんなさい。でも、今の僕にはこんな気持ちをどうやってコントロールしたらいいのかわからないの。でも約束する。半年の間に、インランちゃんが他の人と寝たりしても平気になってみせるから。それまでは待っててちょうだい」

自分が悪いと思っていた僕は、自分を無理矢理変えてでも、この状況を脱しようと決めたのでした。

僕はかなり歪んでしまっていました。自分で自分を追い込んでいたのです。

一番のポイントは、これは二人の問題なのに、どちらが正しいか、間違っているか、という問題に置き換わってしまっていることです。

インランちゃんと僕は、セックス観が違うだけであって、正しいも悪いもないんですよね。ただ、違ったセックス観を持つ二人の間に、付き合っていこうすることによって生まれた問題が、存在しているだけなのです。その問題は「僕の問題」でもなければ「相手の問題」でもなく「二人の問題」です。二人が協力して解決していくしかなかったのです。そういう発想が当時の僕たちにあれば、少なくとも僕にあれば、もう少し違った展開をしたはずです。

まずは、そこに「二人の問題」があると、二人の間で認識が共有されることが重要だったのです。どちらかに悩みがあったとして、その悩みを相手が知っていてくれて、それが二人の問題なのだと二人で認識しているだけで、問題の半分が片付いたようなものなのです。後は二人が知恵を出し合い、時間をかければ、たいていのことは解決できます。

問題が起こった時には、その問題が次々に新たな問題を起こしていくという、連鎖反応を止めることが肝心です。当時の僕は、そんな連鎖反応状態に入り込んでしまっていたのでしょう。そして痛々しい結論を導き出していました。

当時の僕には関係作りについて相談できるような人はいませんでした。男同士の関係作りに関心がある人に出会うことさえ難しい時代だったのです。

僕は、この時以来「インランちゃんへの気持ちをどうやって冷ましていったらいいか」ばかりを考えるようになりました。ちょっと奇妙な行動ですが、僕には他の方法が思いつきませんでした。熱すぎる気持ちが少しでも冷めれば、嫉妬も治まるはずだと、考えていたのでした。幼稚だったのです。

どんなに好きな人にも気にいらないところはあります。それを敢えて見つけ出しては、インランちゃんが素敵ではないと思おうとしました。まるでイメージトレーニングでもするように……。

どこかが歪んではいますが、そうすることで嫉妬の気持ちが小さくなっていく実感はありました。

そんなことを繰り返すうちに、僕はインランちゃんが誰かと寝るかもしれないと想像しても、何の感情も湧き上がってこないようになっていきました。それは僕にとって、インランちゃんと付き合いだして二年も過ぎてから、やっと辿り着いた「大前進」だったのです。

嫉妬は「好きという気持ち」の裏側です。

「自分だけを見ていて欲しいという気持ち」を不用意になくそうとすると、「自分を見て欲しいという気持ち」までがなくなってしまうことがある……。

当時の僕は、そんなことを想像すらできませんでした。

10

長く付き合う関係作りを目指しての船出

「ぱる」に一人で遊びに行った時に、離れた席から「隣りに行ってもいい？」と元気に声を掛けてきた人がいました。見ると、若い男の子が僕の目を真っ直ぐに見て笑いかけています。「うん」と答えると、彼は勢いよく飛んできて、僕の隣りに座りました。

それがカズでした。

僕はこういう率直なアプローチに弱いんです。嬉しくなって思わず微笑みを返しました。かわいい……。

それを見ていたクロちゃんは、「この子はワンステップよ。あんたみたいな子には向いてないからね」と親切なアドバイスをくれました。

「ワンステップ」とは「同じ相手とは二度寝ない男」という意味で、「セックスにロマンティックな幻想を抱いている人間が寝ると火傷をするよ！　あんたにはインランちゃんがいるでしょ！」という、転ばぬ先の杖なのでした。

またも雲一つない青空のようなセックス観の持ち主。僕に対して真っ直ぐに好意を示した率直さは、こういう解放的なセックス観と切っても切れない関係なんだろうなぁ。でも。そういうところって羨ましいなぁ。そんな風に思いながら、彼といろいろ話をしてみました。

彼はもうすぐ卒業を控えた二十四歳になる大学生で、シャンソン歌手を目指していました。前年のシャンソン・コンクールで準優勝したそうで、実力もなかなかのようです。でも歌手で食べていくのは難しいので就職をするつもり。小さな会社の内定をもらってあるという話でした。

自分のやりたいことをしっかり持っている。それも自己表現の世界で。「タイプなのに、付き合っている人がいるなんて残念！」と僕に対してアッケラカンと話す明るさが眩しい。目がきれい。それに気持ちのいい声！　歌手を目指す人の声は違うな……。

そういう一つ一つが僕の中にさざ波を立ててました。そして小一時間ほど話して別れたのですが、僕は自分の気持ちが熱くなってくるのを感じていました。

別れ際に、いつか一度歌を聴きに来て欲しいと、自分が歌っているバイト先のシャンソニエの電話番号を、僕に渡して去っていきました。

僕は、一週間も経たないうちに、彼の歌を聞きに行きました。そして彼の歌声を聞いたとたんに、僕は恋に落ちたのでした。カズは僕の目をじっと見ながら、恋の歌を歌ってくれました。僕だけのために歌ってくれているカズ……。

恋愛の魔法は恐ろしいものです。見たいものしか見えません。僕は、彼の歌を聞きながら、完全に天動説の信奉者になっていました。全ては自分を中心に回っているのです。太陽も月も星も、そしてカズさえも。

何ヶ月も後に、この時のことを思い出して、「じっと僕の目を見て歌ってくれたよね」と話したら、「僕ね、目が悪いから、歌っている時、お客さんの顔は全然見えてないの」と言われてガックリきたということも告白しておきます。

この後は……。

カズを誘って二丁目に飲みに出る。魚心あれば水心、その日のうちにセックスをしてしまう。また会う約束をする。結局、毎日のように会うようになる、と転がるようなスピードで事態は進展していきました。

僕にとってカズの最大の魅力は、最初に会った日に見せた、あの率直さでした。真っ直ぐな感じとでも言ったらいいのでしょうか、こんなこと言っているけど本当はどうなんだろう、と邪推する必要がまったくない人柄なのです。好きだとか嫌いだとかがハッキリしていて、言っていることはそのまま信用していいのです。それは、彼と話せば話すほど確信が持てるようになります。僕はますます彼に惹かれていくのでした。

当然のことながら、僕のこの気持ちはすぐにインランちゃんの感づくところとなり、何があったのか問いただされました。僕は全てを話しました。

インランちゃんの反応は予想と違って「あなたもそんなことができるようになったのね。これで僕も気が楽になったわ。しばらく遊んでみなさいよ」という、余裕ありありの感じでした。

その時に、僕は「止めようとはしないんだ……」と、インランちゃんに対して冷ややかな思いを感じました。あれはやせ我慢だったのか、本音だったのか、今となってはわかりませんが、どちらにせよ、インランちゃんのその反応に、僕を彼に結びつけていた留め金が外れた音を聞いたような気がしました。

もう僕の気持ちにブレーキをかけるものはありませんでした。僕はカズに向かって突き進んでいきました。そして、これは危険な状態だとインランちゃんが気付いて、戻ってきて欲しいと言われた時には、すでに引きかえせないところまで僕の気持ちは進んでしまっていました。

こうして僕はインランちゃんと別れ、カズと付き合うことになったのです。


他に好きな人ができたから、今付き合っている人を捨てちゃう。

それは、僕が常日頃から批判していた行動でした。そういうひどいことを平気でするような人が多いから、この街では長い関係を続けるのが難しいのだ。そう思っていた当の本人が、まさに同じことをしたわけです。

このせいで、僕とインランちゃんに関わる人たちの中で、僕の評価は地に堕ちたのでした。インランちゃんをお気に入りだった僕の母親などは、彼に義理立てして、カズを部屋に泊めるのはやめるようにと宣告したくらいです。

僕とカズが付き合い始めたのを喜んでくれるような人は、周りにはいませんでした。孤立無援です。二丁目では「今度はあなたが捨てられる番ね」と面と向かって言う人さえいる状況だったのです。

一番キツかったのは、自分の罪悪感に責め立てられることでした。別れにあたっては、それなりの修羅場もあり、インランちゃんを傷つけたという自覚があったからです。自分としては納得のいく言いわけがありました。心の奥底では、こんな風になったのは僕だけのせいじゃない……という気持ちさえありました。でも、自分の気持ちの流れはいくら弁護できても、人を傷つけてもいいという理由は見つけられません。僕は完全に有罪でした。

これから先ずっと、カズと別れずにうまくやっていきたい。心の底からそう願いました。それは、もちろん、カズのことを特別な人だと思えたからです。「今度こそ夢の実現を！」という思いもありました。

だけど、それだけではなく、この関係を長続きさせることだけが罪滅ぼしになる、という思いも生まれていました。そして、こんな形で人を傷つけるのは二度としたくない、と祈るような気持ちになっていました。こんな、背水の陣を張るような思いの中に、僕はいました。どうやったら関係を長続きさせられるか。今度ばかりは失敗が許されない……。

一方、僕が切羽詰まった感じで肩に力が入りっぱなしだった時に、カズはどんなだったかというと……。

こちらが拍子抜けするくらいに、リラックスしていたのです。それは、彼自身が長く付き合うということに特別な思い入れを持っていなかったせいでもあるのですが、もともと持っている、ものの考え方によるところが大きいようでした。とにかく何ごともシンプルな人なんです。

たとえば、僕たちが周りの人間から祝福されていないと嘆くと、「人からどう思われようと関係ないじゃない。僕はタックから好かれていればそれだけでいいけど」と言って、ニコニコしているし。

僕の母親から「泊まりに来て欲しくない」と言われたと腹を立てていると、「僕の下宿に泊まれば済むことじゃない」と涼しい顔をして、全然動じないし。

カズの自由なセックス観が自分たちの関係を脅かすのではないか、と不安を訴えると、「じゃタックが嫌なことはしない」と真顔で答えるし。

僕が、考え過ぎる嫌いがあるのに対して、彼は単純化して考えるという正反対の傾向があって、そこに僕は救われることが多かったのです。そして、単純化して出した彼の答えには裏がなくて、言葉通りに受け取ればよく、すぐにヒートアップしてしまう僕を見事にクールダウンさせてくれるのでした。

こんな具合に、僕たちは、お互いに足りないものを補い合う役目を担いながら、長い付き合いを視野に入れた関係作りを目指して船出したのです。

それは、ある種の賭けでした。勝ち目があるのかどうかわからなかったけれど、僕としてはどうしても勝ちたい賭けでした。頼りにしたのは直感だけ。

あれは、危険な状態を察知したインランちゃんから「カズと今すぐ別れて、戻ってきて欲しい」と言われた直後のことでした。

僕はカズに質問しました。

「僕のこと好き?」

「うん、すごく好きだよ」

「僕とずっと一緒にやっていってくれる?」

「約束はできないけど、今はタックとずっと一緒にやっていきたいと思ってる」

僕はこの言葉を聞いて、持っているポーカーチップを全てカズに賭けるのを決めたのでした。

11 初めての成果

この本の冒頭の話を覚えているでしょうか。

夕飯を食べ終わって、僕が急に幸せな感覚に包まれた話から始まりました。

あの時に一緒にご飯を食べていたカズが、僕が全てを賭けたカズです。

経験もなく、周りにお手本もなく、頼りになるのはお互いの気持ちだけ。そんな僕とカズは、あの後、自分たちにとって居心地の良い関係は何なのかを求めて試行錯誤を繰り返しました。

そして、やっと関係が軌道に乗り、自分たちのやっていることの意味が見え始めた頃の話を書いたのが、冒頭のエピソードだったのです。


もう二度と失敗はしたくない。そんな、背水の陣を張るような気持ちでスタートした僕たちですが、関係作りに関しては経験も知識もなく、五里霧中状態です。とにかく関係作りに良いと思われることで思いついたものは何でも試してみようと決めました。

下手な鉄砲も数打ちゃ当たるだろうっていう気持ちです。

僕はまず「よく考える」ということから始めてみました。

インランちゃんとの関係がうまくいかなかった理由を、自分なりに洗い出してみて、そこから導き出される反省点をカズとの関係作りの中で活かしてみるという作戦です。

まず一番の反省は、恋愛感情は当てにならないということでした。

今はカズのことを好きでたまらないけれど、実はインランちゃんと始まった頃だって、彼のことを好きでたまらなかったわけです。カズのことを好きになったのは、インランちゃんが変わったからではなく、僕の気持ちが変わったからでした。恋愛感情が真っ盛りの頃には自分をむりやり変えてでもインランちゃんの意に沿う行動を取ろうとさえしたのに、恋愛感情が他に向かったら、もう元も子もなくなってしまったのです。

恋愛感情には人と人を結びつけるものすごい力があるので、うまく使わない手はないけれど、早いうちから恋愛感情に替わる何かを育てない限り、どちらかが他の人を好きになってしまったら関係は壊れる。

これが僕が学んだことでした。これは由々しき問題です。なんとしても早急に対処法を考えなければいけません。

二番目の反省としては、相手に嫌われないようにと恐れるあまり、自分が思っていることを言わないようにしていると、結果的に「相手に対して誠実でなくなっていく」ということでした。これも、結局、インランちゃんに対して僕がやったことなわけです。だから思っていることや、考えていることをお互いに伝え合える関係を作りたいと思いました。


そこでカズに対して、こうリクエストしました。

「僕はカズとずっと付き合っていきたい。だから、何でも話し合える関係になりたいし、できれば一緒に暮らしたい」と。

一緒に暮らすというのは、唐突に思えるかもしれませんが、僕にとっては一番目、二番目、両方の反省から導き出された、僕なりの結論でした。

生活を共にすることは覚悟がいります。浮ついた恋愛感情だけでは乗り越えられない境遇へと踏み出すことなのです。

一緒に暮らせば「当てにならない」恋愛状態から、何かもっとしっかりしたものへとギア・チェンジできるような気がしたのです。

僕には、もともと、付き合う人とは一緒に暮らしたいという夢がありました。だって、おとぎ話の二人は、最後は必ず一緒に暮らすのですから。

そう考えていたのですから、その考えていたことをしっかり相手に伝えるようにするのも、関係作りの上で大事なことになります。

そして、一緒に暮らすとしたら、何でも二人で相談していろいろなことを決めなければなりません。それは「何でも話し合える関係」にも通じます。

ま、こんな理由からカズには最初から「一緒に暮らしたい」という希望を伝えるようにしたわけです。

果たして、カズの答えは……、

「無理だよ」でした。

もちろん、彼なりの理由がありました。彼はもうすぐ卒業を控えていて、就職の内定を貰っていると前に話しましたが、その会社では新人は全員が寮で生活するのだそうです。それで同居は無理なのだそうです。

それは、僕にとっては二重の意味で大問題でした。寮に入ったら、一緒に暮らせないどころか、僕が訪ねていけなくなるからです。僕たちは時間を作って、ほとんど毎日のように会っていましたが、インランちゃんの件で僕の部屋にカズを連れて行くこともできないので、二人が親密でいられる空間を持てなくなるのは、関係作りにとって深刻な問題です。

僕は「そうか、残念だなぁ」と応え、それ以上無理は言いませんでしたが、ここで引き下がってはインランちゃんの時と同じことになってしまうと、懸命に作戦を考えました。

カズは歌手を目指していたのですが、生活の安定を考えて就職を決めていたわけです。でも、収入が少なくても歌を歌う仕事をやっていきたいと望んでいるのが、言葉の端々に感じられました。実際、バイト先のシャンソニエからも就職しないかと声も掛けられていて、気持ちは揺れていたのです。

僕はそこをピンポイントで攻めることにしました。

カズには、夢を諦めずに、歌の仕事をしていってほしいこと。二人で自己表現の世界を求めながら、一緒に暮らし、協力し合って生きるという方法もあること。二人で暮らせば収入が少なくても生活費をカバーし合うことができること。一緒に暮らせば、二人はお互いをもっと理解し合えるようになること。僕はそれらのことを一生懸命伝え続けました。

最初のうちは否定的だったカズも、まずは就職を蹴って、シャンソニエで働くことを決めました。（あら！）そのうち「一緒に暮らせば楽しいかもね」などというようになり、一ヶ月もしないうちに「やっぱり一緒に暮らそうかな」と言い出しました。（あら！あら！）

そして、「どうせなら早い方がいいよ」と僕を急かすようになり、とうとう同居と相成りました。（やった！）。僕が「一緒に暮らそう」と言い出してから三ヶ月目のことでした。

これは僕にとって大きな成果でした。その時の楽しさだけを考えたのではなく、何が関係にとって大事なのかを考え、その目標に向かっての行動で手にした初めての成果だったのです。

最初に断られても、すねたりもせずに、冷静に、なぜそのことが大事なのかを伝え続けたのも初めての行動でした。僕がやったのはただそれだけで、実際にカズの気持ちの中で、何がどう変化したのかはわかりませんが、結果は僕が望んだ通りになったわけです。

無理強いをせず、時間をかければ、相手が自発的にそれを望むようになることがある。そういうことを知りました。それは貴重な経験でした。僕の中に、「ゆっくり時間をかける」という、今までより長いレンジで関係作りを見る目をもたらしてくれたからです。

良い関係は少しずつ作り上げていけばいいのだ。自分にもそれができそうだ。

僕は、そんな手応えを感じ始めていました。

それは本当に大きな、大きな成果でした。

第二講

「二人で生きる」日々の積み重ね

12 ありのままの自分でいられるような人

僕が初めて一緒に暮らすことになったカズ。

そのカズがどんな人だったかを、もう少し詳しく話しておきたいと思います。

カズを描写するとしたら、いくつかの言葉が浮かんできます。真っ直ぐ。シンプル。直観的。透明。言葉に裏がない。常識に捕われていない。こんなところでしょうか。

性格に屈折しているところがなく、思っていることをそのまま口にするタイプです。好きだと言ったら好き、嫌いだと言ったら嫌いなのです。変化球を嫌い、直球だけで勝負するピッチャーのようなものです。

自分の感覚や直観を信頼していて、論理的なものにはあまり興味がありません。ですから、人の意見に左右されることは少ないのです。そういう意味では頑固と言ってもいいでしょう。一方で、自分にとって重要でないと思うことに関しては、こだわりがありません。

「人はこうするのが当然だ」と言われていることには頓着しないのです。常識を振り回す人は「バカみたい」の一言で切り捨ててしまいます。

もう少し具体的に説明してみましょう。こういう性格の人が実生活の上ではどんな行動を取るかというと、たとえば……

僕は友人が多い方なので、カズを連れて友人の家に遊びに行くことがあります。他の友人たちもいると、そこはミニ・パーティのような雰囲気になります。

そんな中、たくさんの人がたわいもない話で盛り上がっていても、興味のない話だったらカズは話に加わりません。かといって、話を聞き続けるわけでもないんです。頭の中で他のことを考え始めるようです。そして、そのうち寝てしまったりさえします。

後で聞いてみると、退屈していたわけではなく、彼なりに楽しんでいて、そのうち眠くなったから寝てしまった……ということらしいのです。

僕は他人が何を考えているかが気になる方なので、初めのうち、カズの行動は理解しがたいものでした。だけど、彼の説明を聞いているうちに、シンプルに考えればいいのだとわかりました。

彼が、僕の友人の家に一緒に行くというのは、行ってみたいと思ったからです。ぼうっと他のことを考えていたのは、みんなが話している内容を引き金に頭の中にある考えが浮かび、それに集中していたからです。寝てしまったのは……もうわかりますよね。万事がこんな具合なのです。

わかってしまえば、対処法は簡単。気を遣わなければいいのです。後は、気を遣う友人に向かって「あ、あれ気にしないで。ああいう子なの」と言って、受け入れてもらうしかありません。

カズと他の人が同席している場では、必ず「彼、退屈してない？　大丈夫？」と聞かれるのですが、そのうちその状況に慣れっこになってしまいました。

なんだか自分だけの世界に住んでいる子供のような感じ。

カズに小さい頃はどんな子だったの？と聞いたことがあります。彼は部屋でひとり空想の世界で遊んでいることが多かったようです。思った通り。

「いじめられたりしなかった？」と聞くと、

「いじめられてたのかもしれないけど、それに気付いてなかったのかも……」と真顔で答えていました。

僕の頭の中に、水晶でできたシェルターの中で、空想にふけりながら大事な宝物を守っている子供のカズの姿が浮かびました。きっと、水晶に守られながら、自分らしさをゆっくりと育てていたんでしょう。

実のところ、僕には、こんな風に素直な自分を育てることができたカズと出会ったおかげで、認めることのできなかった自分のいろいろな部分を肯定できるようになったという経緯があります。

そのことを話すには、また、僕の小さな頃の話に戻らなければなりません。

僕が住んでいた、あの王国の話です。


僕の産みの母である女王様が、王様の独善的な態度に耐えきれず城を出て、二度と戻らなくなったのは、王子が五歳の時のある日曜のことでした。

その日は、三人で動物園に行くことが決まっていました。王子はそれをどれだけ楽しみにしていたことでしょう。

しかし、その日曜の朝、女王様は体調がよくないので行きたくないと言い出しました。そして、王様に向かって、「王子がこんなに楽しみにしているのだから、あなたが連れて行ってあげて」と言いました。王様は、それなら今日はやめようと言ったのですが、王子が納得するはずもありません。前から楽しみにしていた動物園行きです。何がなんでも連れて行けと大騒ぎです。王様も根負けして、結局二人で行くことになりました。出がけに、女王様は王子の顔をじっと見つめました。恐ろしく長い時間だったのですが、王子の頭は動物園のことで一杯で、それが特別な意味を表していることなど気付きさえしませんでした。

その日は本当に楽しい一日でした。

しかし、帰ってきた王子を待っていたのは恐ろしい現実でした。

城には誰も居ず、二通の短い手紙がテーブルの上に残されているだけでした。

王子宛には「ママは遠くに行かなければならなくなりました。いつかまた会える日が来るでしょうけど、それまでは良い子にしていてください」と書いてあり、王様宛には「あなたにはついていけません。今までこの子を育てました。今度はあなたが育てる番です。探さないで下さい」と書いてありました。

この出来事は、王様の心にも、王子の心にも大きな傷を残したのですが、王様は、その上、王子の心の傷を深くすることをやってしまったのです。

王様は、次の女王様が来るまで、一人で幼い王子を育てなければならなかったのですが、王子が聞き分けのないことを言うと、つい「お前は自分がわがままを通したせいで、何が起こったかを忘れたのか！」と言ってしまうのでした。

この言葉は恐ろしいほどの効果をもたらしました。王子は雷に打たれたように大人しくなり、王様の言うことを聞きます。効果があるので、王様は便利に使ってしまうという悪循環。

繰り返されているうちに、自分が聞き分けもなく動物園に行きたがったから、恐ろしいことが起こったのだと思い込まされてしまいました。

この言葉は、いつしか王子の心の奥底に沈み、「自分のやりたいことをすると不幸が起こる」という呪いとなって、その後の王子の生涯に影を落とすようになったのです。

これが呪いの力を持っていたと、後になって自覚できるようになるのですが、カズと出会った頃の僕は、こんな呪いに縛られているとは夢にも思っていませんでした。ただなんとなく自信が持てず、自分がやりたいことをやっていると、なぜか不安な気持ちを払拭できない、という思いが常にありました。

カズと出会ったばかりの頃、僕たちはいろいろな話をしました。小さい頃のこと、家族のこと、なかなか人に言えないようなことまで。

その話の中で、僕は大人になってから、家を出た母親がその後自殺をしていたことを知った、という話をしました。そして、それを知った時に全く悲しくなかった。不思議なくらい感情が動かなかった。そんな気持ちを話しました。

そして、自分には人間的な感情が欠けているように思う、というような話をしました。僕はいつだって何かが足りない「いけない子」なのです。

この時、カズは僕の話に何のコメントもせずに、自分の母親も自殺をしたという話をしてくれました。カズのお母さんは、彼が郷里を離れ、東京の大学に行っている間に、自殺をしたそうです。当時、カズは演劇にも興味を広げていて、東京の生活が充実し、楽しくなり始めた頃に訃報を受け取ったのでした。すぐに郷里に帰って、安置されている自分の母親の顔を見た時に、少しも悲しいと思わなかったそうです。遺言も残さずに逝ってしまった彼女。人間って孤独なんだな……。この人はこの人なりの人生の幕引きをしたんだ。そう思ったら、すぐに東京に帰りたくなった。葬儀の間中ずっと、演劇のことばかり思い続けていた。そんなことを淡々と語ってくれたのでした。

そして「だからタックが悲しくなかったのも、全然変だとは思わないけど」と言ってくれました。

僕はその瞬間「この人だったら、ずっと付き合っていけるかもしれない」と思いました。

母親が死んだら悲しむのが当たり前。そんな「常識」などには捕われずに、実際に自分の中に起こった感情や思いを、誤解を恐れずに、言えるってステキだなと思いました。そんな人と出会えて嬉しかったのです。

そして、その人が僕のことを「全然変だと思わない」と言ってくれたのです。

この人の前なら、僕は何も恐れずにありのままの自分でいられるような気がしたのです。それは、今までに他の人にはあまり感じたことのない「自分がネガティブに思っている部分を受け入れてもらえた」という感覚でした。

この時にはまだわからなかったのですが、カズは僕を呪いから解き放す力のある人だったのです。

13 同居はルール作りから

生まれも育ちも違う二人が一つ屋根の下で暮らす……。

これは、初めから順調に行くほど簡単なことではありません。それぞれが育ってきた環境の中での「当たり前」が違うからです。

その「当たり前」が違う場合にはいちいち衝突が生まれます。その衝突を出来るだけ少なくするためにルール作りが大事になってきます。

僕とカズも同居を決めた後、いろいろとルールを考えました。

と言っても、基本的には僕が考え、カズがそれを判断するという形でしたけど。なにしろカズの口癖は「タックが考えて」なもんですから。

まずは家事に関しては、原則は「なんでも平等」でいくことにしました。男同士は、男女のように家事に関してある程度の「予想」がつけられる組み合わせではないので、そこが出発点です。

生活費は折半。家事もなんでも半分ずつ受け持つという形にしました。

食事の支度は交互。今日は僕なら、明日はカズといった具合です。そして、片方が支度をしたら、もう片方は後片付けをする、というルールです。

掃除や洗濯は、協力できる時は一緒にやって、一緒にできない時は、交互にやる、という形にしました。

さて、実際にやってみると、思ったようにはいきませんでした。

特に食事の支度がうまくいきません。カズは料理が得意でないのです。

初めのうちはカレーとか野菜炒めを作ってはしゃいでいたのですが、レパートリーが尽きてしまい、献立を考えるのがユーウツになってきたようです。

僕の場合、料理は特別上手ではありませんが、実家でも台所でお袋を手伝いながら、見よう見まねで一品くらいは作るような子供だったし、バイト先のキッチンで賄い食を作らされることもあったので、料理本を見れば夕飯の支度くらいはこなせる能力はありました。一方でカズはそれまで、キャンプでカレーを作ったとか、実家でインスタントラーメンに野菜炒めをのっけて食べたとかの経験しかなかったのです。

そのうち、僕が作った食事を食べ終わった直後から「明日は何を作ったらいいのかわかんない……」とため息をつくようになり、なんだか見ているこっちまで暗くなってしまう有り様。

そこで、今度は食事を作る係は僕で、カズは後片付け専門ということにしました。彼は後片付けとか掃除は得意なのです。

平等というのは、「二人が必ず同じことをする」では実現しないんですね。得意、不得意も考慮に入れなきゃならないし、それにかけるエネルギー量の差も考えなければならない。そんな学習をしました。

とにかく、その後のカズの明るくなったことといったら！

分担の問題が落ちつくと、次は、その分担をどのようにやるかという方法論の問題が出てきました。

実は、僕はご飯を作るのは得意なのですが、片付けながら作るということができないんです。作っている最中は料理そのものに集中し過ぎて、片付ける作業に頭が回らないんです。

ボールでも鍋でも小鉢でも、ちょっと使っては流しに溜めていくので、ご飯ができあがった時には流しに洗い物の山といった具合なんです。

僕としては、熱いものは熱いうちにと、タイミング良く仕上げることに集中した結果なのですが、後片付け専門としては、どうしてあの食事にこれだけの汚れ物が生じるのか理解に苦しむ、という状態だったのでしょう。

カズは、面と向かって文句は言いませんでしたが、そのうち業を煮やして「ある程度片付けながらできないものなの?」とやんわり聞いてきました。

「そうしなくちゃとは思うんだけど、できないんだよね」と答えると、カズは言い返せません。ご飯を作る係を外してもらえたのは「できないんだもの」が理由だったからです。

そのうち、どこからかこんな話を仕入れてきました。

「ドイツの主婦って、料理しながら、片付けもして、食事が出来上がった時には、シンクもレンジもピカピカなんだって! タックも挑戦してみれば?」

「それじゃ、カズの仕事なくなるでしょ。だいたい僕ってドイツってタイプじゃないの。むしろラテンな感じ?」と言い逃れる僕。

カズは諦めたのか、二度と文句を言いませんでしたが、山と積み重なる洗い物に取り組みながら、聞こえよがしに「ドイツの主婦」とつぶやくのでした。

できるだけ気をつけるようにはしているのですが……。正直言って、今でも僕は「ドイツの主婦」は失格なのです。

もしカズが食事まで作ることができたら完璧な「ドイツの主婦」になれていたでしょう。というのも、彼の片付け方は気持ちが悪いほど完璧なのです。

なにしろ、洗い物が終わって、布巾をゆすいだあと、熱湯を流しに回し掛けると、その後、ティッシュペーパーで水滴を拭ってピカピカにしないと気が済まないのです。水滴が乾いて残るカルシウムの跡さえ嫌なんだそうです。

「シンクなんてダスターで拭けばいいじゃない」と言うと、「ダスターで拭いたら、そのダスターをゆすがなくちゃなんないし、そうしたら、また水滴が飛ぶでしょ。永遠に終わらないいじゃない」ということでした。

だからカズが後片付けをした後は、うっかり水も飲めないのです。

とにかく、カズの潔癖性は度が過ぎていて、ちょっとついていけません。

彼が冷蔵庫に缶ビールを入れた後で、何気なくチェックしてみると、ラベルが全部こちらを向いています。最前列だけでなく、その後ろも、そのまた後ろもラベルがみんなこちらを向いているのです。

洗濯ものを干してもらうと、フェイスタオルがきちんと干されているのはもちろんですが、洗濯の注意などを書いた小さなタグの位置が全部同じ場所で同じ方向を向くように干してあります（怖い！）。

自分なりのこだわりがあって、そこから外れたものは気になって仕方がないのだそうです。さすがに、僕にはそこまでは求めないので助かりましたけど。

かといって、何にでも完璧を求めるわけでもないんです。掃除機などはあまりかけません。

「ホコリとかは気にならないの？」と聞くと、

「近眼だから、ホコリは見えないから気にならない」と涼しい顔をしています。

こんな具合に、ルール作りで乗り越えられない問題は、ひとまず諦めて許し合うというのも現実的な方法です。

今まで別々に生きてきた二人が一緒に暮らすのは、まさに異文化交流なわけで、そこは驚きの連続です。自分の「普通」は、相手の「変！」であり、相手の「普通」はこちらから見れば「変！」なのですから。

このことに関しては、いつも思い出す話があります。それは、僕を育ててくれた母親の姉さんの話です。彼女の名前はテル子といいます。

テル子さんは昭和二十五年頃に結婚しました。お見合い結婚だったので、結婚前にはそれほどの時間をかけずに結婚と相成ったようです。

夫は長男だったので、当然ながら夫の実家での生活が始まりました。嫁ぎ先にはご両親と義妹・義弟が同居していて、食卓はテル子さんを含めて六人で囲むことになります。

結婚して初めてみんなで揃って食事をした時のことでした。その日のおかずはトンカツです。なごやかに食事が始まりました。

テル子さんは、お舅さんにトンカツソースを取ってくれるように言われ、ソース入れを渡しました。ソース入れは蓋付きの円筒形で、急須のように長い口が出ています。

お舅さんはドロッとしたトンカツソースをトンカツにかけました。ソース入れの口からは余ったソースが垂れ始めます。と思う間もなく、お舅さんはソース入れの口をペロリと舐めて余ったソースを拭き取りました。

（舐めた……）テル子さんは我が目を疑いました。家族は何の反応もしません。

するとお姑さんがトンカツにソースを掛けたと思うと、またペロリと余ったソースを舐め取りました。

（えっ……）と思う間もなく、義妹、そして義弟、そしてとうとう夫までが、「ソースをかけてはペロリと舐め取る」をやったのでした。

テル子さんは気が遠くなるような思いをしたそうです。もちろんテル子さんはトンカツにソースをかけずに食事を終えました。

なんと嫁ぎ先では「ソース舐め取り」が「普通」のことだったのですね。

それ以来、食事の支度をする度に、テル子さんは自分のおかずにはソースでも醤油でも必要なものはかけてから食卓に運んだそうです。


この話はテル子さん自身から聞いたのですが、その話を聞いた時、結婚って勇気の要る行為なんだなと、子供心に思った記憶があります。

このくらい衝撃的な話で心の準備もしていたので、ちょっと神経症的な整頓魔のカズとの暮らしは「いやぁ、人間ってそれぞれに違うんだな……面白い！」くらいで済んだのでした（ホント？）。

ちなみにその後、テル子さんは夫と共に嫁ぎ先の家から独立、二人の子供を儲けましたが、その家では「ソース舐め取り」は厳禁にしたそうです。

14 関係を守ってくれる魔法の言葉

「ケンカするほど仲がいい」とか、「ケンカもコミュニケーションのうち」とか言いますが、ケンカをせずに仲がいい方がいいし、ケンカをしなくても、ちゃんとコミュニケーションを取れた方がいいに決まっています。

僕はケンカが苦手です。好きな人はいないでしょうが……。でも、カズと暮らし始めた頃はホントによくケンカをしました。ケンカと言っても、口ゲンカのことですけどね。

ため込まず、何でも話していくようにしようね。どんな些細なことでもバカにしないで、納得いくまで話し合っていこうね。と、決めた僕たちは実際に何でも話をするようにしました。そして、そのおかげで、山ほどケンカもすることになりました。

思ったことを言い方など考えずに口にすれば、どうしても気持ちがぶつかります。ぶつかってしまえば、感情が波立ちます。その感情によって引き起こされた思いも、ため込まないで何でも話すのであれば、そのうちに売り言葉に買い言葉、言い争いへと発展するのは当然の成り行きです。

そこで、僕たちは山ほどケンカをしたというわけです。

一度ケンカが始まると大変です。なにしろ、納得いくまで話し合うというのがルールですから、延々とやり合うことになります。翌日のことなどお構いなしで、一晩中、ああでもない、こうでもないとやりあったものでした。

ケンカは消耗します。ケンカなしの話し合いなら一晩中やっても、ここまで消耗はしないのですけど。だけど、今振り返ってみて、いったい何が原因でケンカをしていたのか思い出せないんです。思い出せないくらいだから、多分、大して重要じゃないことがきっかけでケンカをしていたのでしょう。

よく「夫婦ゲンカは犬も喰わない」と言いますが、「アジのフライにかけるのはソースか醤油か」だって立派なケンカの原因になるのですから、思ったことはちゃんと言おうなんて決めた関係作りは、地雷原で鬼ごっこをするようなものです。

こんなにケンカを多発させていた僕たちの関係を、破局から救ってくれたのは、前にも書いた「る?」「る!」というおまじないのような言葉でした。

どちらかが「る?」と聞いたら、相手はどんな状態であろうとも「る!」と答えなければならないというルールが、僕たちの間にはありました。

これは「愛してる?」「愛してる!」の短縮形です。

なぜこんなルールが僕たちの間にできたのかというと……。

カズと一緒に暮らすのを決めた時まで、僕はずっと親と同居をしていました。あの王国の城です。三十歳を越えているのに、ずっと親がかり。恥ずかしい話ですが、バイト人生で生活費を入れることもなく甘えまくったスネかじりだったのです。

だけど、それは僕だけの事情ではありませんでした。親父とお袋の緩衝帯として、僕はこの城にはなくてはならない存在だったのです。ケンカを始めると口を聞かなくなる王様と女王様。王子の僕は、その間を取り結ぶ、メッセンジャーボーイの役目。僕を通してコミュニケーションをとるような状態が一ヶ月ほども続くのです。

僕が家を出ることを親父もお袋もとても恐れていました。僕がいなくなると、彼らは直接向かい合わなければならないからです。

僕たち三人は相互に依存し合っていたのです。相互に束縛し合っていたと言ってもいいかもしれません。そんなシガラミを吹っ切って、カズと一緒に暮らすべく僕は家を出ることを決めたのです。決めたとたん、親父もお袋も不機嫌になり、僕に対してろくに口も聞いてくれなくなりました。

僕がゲイだと話した時には受け入れてくれた両親は、僕が家を出るのは許せなかったようです。おかしな家族です。

無理を通して家を出るのを決めた反動か、僕は情緒不安定になってしまいました。

今度こそは長く続く関係を！という四面楚歌の思い。恋愛感情のアップ・アンド・ダウン。先行きへの不安。そんな緊張感も情緒不安定を引き起こしていたのだと思いますが、一番の原因は「呪い」でしょう。僕は自分のやりたいことをやると不幸になる……というあの呪いです。

僕は何かというと、すぐに不安な気持ちに襲われてしまうのです。そうなると、コントロールが利きません。何もかもがネガティブに見え始めるのです。

その度に、僕はカズに、「愛してる？」と尋ねます。なぜだかわからないけど、その時にカズから「愛してる！」と言ってもらえれば、その不安は一瞬どこかへ消えてくれるのです。

これは一種の依存症のような状態でした。一瞬消えた不安はすぐに戻ってくるので、また「愛してる？」と聞く。一日に何十回となく「愛してる？」「愛してる！」を繰り返しました。

「愛してる！」と答えてくれれば、不安が消えるのだと説明をしてあったので、なんとか受け入れてくれていたんでしょうが、カズもよくしつこい繰り返しに付き合ってくれたものだと思います。

確かに、カズの方も神経症的な部分を持っていたので、「人間はみんなそんなものなのかな」と思ってくれたんじゃないかと思いますけど。

そのうち、あまり何度も聞いているうちに「る？」と短縮形で聞くようになり、答えも「る！」と短くなりました。ま、一種の省エネです。そしてどんな状況でも片方が「る？」と聞いたら、もう片方は「る！」と答えなければならないというルールができあがっていったというわけです。

こんな風にできあがったこの言葉は、予想もしていない形で、僕たちを助けてくれるようになりました。

気まずいケンカ状態を何度も救ってくれたのです。

ケンカって、最初のうちは、意見調整の色彩を帯びていますけど、ヒートアップしてくるとどちらが正しいかの勝負の世界に入り込んでしまいます。そうなるといつの間にか勝つことが目的になってしまうのです。特に若くて年齢的に近い二人だと、すぐに勝ち負けの問題にすり替わってしまうのです。僕はわりと弁の立つ方なので、言葉で攻めていく傾向があります。カズは直感的に判断するタイプで議論は不得意な方なので、話が熱くなっていくと黙り込んでしまうのがお決まりの作戦です。

勝ち負けで言ったら、弁が立つのは有利ですが、黙られるとお手上げです。

結局、何十分もの気まずい無言の時間が続くと、だいたい僕の方が先に「る?」と聞くことになります。すぐに不安が襲ってきて、その恐怖に根負けしてしまうのです。カズは無視します。そうすると、それはルール違反ですから、僕はカズが答えるまで聞き続けます。

「る?　る?　る?　る?　る?　……る?」

僕は粘り強い性格です。「しつこい」とも言いますが。声の調子を変えたり、言い方にバリエーションを付けて、反応があるまで続けるのです。そのうち、カズも笑い出してしまいます。すかさず、もう一度「る?」と聞くと、だいたいこの辺りでカズも「る!」と答えて、なんとか緊張がほどけます。

こんな形で、僕たちはケンカを何度も、何度も収めてきました。

ケンカは問題の解決はもたらしません。これは、カズと何度もケンカを経験してきた僕の結論です。

ケンカの目的は勝ち負けです。スポーツのようなルールのある勝負ではなく、汚い手を使っても勝とうとする勝負です。そして勝ったとしても、せいぜい「スッとする」くらいなもので、関係作りにプラスになるようなことはありません。その代わり、負けるといつまでも遺恨が残ったりします。

ケンカの後、何か意見の違いが調整できていたとしたら、それはケンカそのもののおかげではなく、それぞれの気持ちや考えていることを相手に伝えられた結果です。それは本来ケンカという形を取らずに辿り着ける場所なのです。

関係作りで大事なのは「それぞれの気持ちや考え方を相手に伝える」という部分です。

それは、「できるだけケンカをしないようにする」ということと、「ケンカを怖がらずに言いたいことを言う」という一見矛盾したような二つのポイントを押さえて話をすることが必要です。

僕とカズは、そこまでわかっていたわけではないのですが、結果として二つのポイントが押さえられていたようです。

「納得いくまで話し合おう」というルールは守られていましたし、たとえケンカになっても魔法の言葉があるので、ケンカを怖がらずにもすみましたから。

そういう意味では、僕たちは安心してケンカができたのかもしれません。仲直りの方法がわかっていれば、ケンカにも効用はあります。ケンカをしたことから、ケンカをしない方法も学んでいけるのですから。

どのボタンを押すと相手が怒り出すのか。どういう言い方をすれば、気持ち良く話を聞いてくれるのか。どのタイミングで話をすればいいのか。食事後なのか、寝る前なのか、外出した時なのか。

意識的にやったわけではないのでしょうが、そんな一つ一つのデータを、お互いが蓄積し整理していったので、僕たちはだんだんケンカをしないでもコミュニケーションをとれるようになっていきました。

不安症対策のための言葉が、うまい具合に魔法の言葉として効果を発揮してくれたようです。

こういうのを怪我の功名っていうんでしょうか。

15

チームとしての二人

パートナーシップという言葉が、いつ頃から「結婚のような関係性」に対して使われるようになったのかはわかりませんが、僕とカズが一緒に暮らし始めた頃（一九七〇年代の終わり頃です）に、使い始めていたような記憶があります。

僕がこの言葉を使うようになったのは、自分たちの関係に対する言葉が必要だという思いが生まれてきたからです。

それは「できるだけ長く付き合う」という消極的な言い方ではなく、「結婚」に対峙できる言葉が欲しいと思うようになってきたからでした。

パートナーシップという言葉の定義の中に、「親密な関係」という意味があるのかどうかは、よく知りませんが、「結婚していない、または同性同士の、親密な関係の相手」をパートナーと呼ぶことは、かなり前からあったようです。

「結婚していない」というのは、男女のカップルでも「夫と妻」という役割分担を含んだ呼び方を嫌い、平等な関係を作り上げたいと思う人たちの間でも使われていた、ということです。そして、お互いを「パートナー」と呼び合うような関係に対して「パートナーシップ」という言葉を慣用的に使ってきたのでしょう。

ですから、この言葉には初めから「結婚の枠の外にある特別な関係」という意味がこめられているわけです。

通常の「パートナーシップ」を日本語に訳すとすると「協力関係」というものになるでしょうか。そこから「一つの目標に向かって協力し合いながら続けていく関係」というイメージが浮かんできます。これは、僕とカズには割とシックリくる言葉でした。

僕たちは自分たちのことを、世間ではかなり変わり者同士の組み合わせだって認識していました。ゲイだということももちろんそうですが、経済的な充実よりもアートだとか歌だとかいう自己表現を優先させたり、自分のペースで生きていくことにこだわっていたからです。

それって、組織の中で役割を引き受けて働いたりするのは、あまり得意ではないってことです。二人とも「社会的常識」というものに反感すら持っていましたし……。おまけに、片方は社交的でないこと甚だしいし、片方は精神的に不安定な気質を持っている。

二人とも、それぞれに人間的にはステキなものを持っているけど、社会の中では弱点だと言われるものをたくさん持っていたのです。

そんな僕たちでも二人で協力し合えば、手強い「社会」に対してもそれなりに闘っていけるような気がしたのです。長所はあるんだから、それをお互い伸ばすように励まし合い、欠点はできる限りカバーし合う。二人とも不得意なところは諦めて、二人でそれを笑い飛ばす。

「鬼ばかりの世間、二人で渡れば怖くない」って感じです。

僕はカズとの生活の中で、自分たちがペアを組むチームなのだという感覚を持つようになりました。そんな社会を相手に闘うチームのような感覚に、パートナーシップという言葉はぴったりな気がしたのです。

そうだ。僕たちはお互いがパートナーのチームで、理想的なパートナーシップを目指すんだ。そんな思いが僕の心の中に生まれてきました。

これ以降、今までに「永続的なお付き合い」とか「人生を共有する信頼関係」とか「特別で親密な関係」とか「いつまでも、いつまでも幸せに暮らす夢の関係」などといろいろと表現してきた「特別な関係」への思いを、僕は全て「パートナーシップ」という言葉に託して語るようになったのです。

チームとしての僕とカズ。そういう視点で自分たちのことを見直してみると、いろいろなことが見えてきます。

一人で生きている時に短所だと思っていたところも、チームとして見ると違った見え方になります。短所が、単なる短所ではなくなるのです。長所に変わるというところまではいかなくても、「片方の短所は、もう片方がカバーできれば短所として捉えなくても構わない」って感じです。

例えば、カズは交渉事が一切苦手です。

一緒に暮らすことになって不動産屋さんを回らなければならなくなった時も、カズは全てを僕に任せました。

男二人でアパートを借りるのってけっこう面倒くさいんです。特に三十年も昔では。ハウス・シェアリングなんて発想がなかった頃なので、大家さんが男同士で住むことを否定的に捉えていることが多く、不動産屋さんが仲介するのを避けたがるんですね。

そういう場合、ちょっとした作り話をしたり、大家さんと会う時には信用してもらうように着るものに気をつかったり、話し方を気をつけたり、と細かく対応しないといけないわけです。

カズはそんなこと、考えただけで頭が痛くなってしまうタイプなんです。彼のセリフは、いつも「僕、そういうの不得意なんだもの」。

僕がやるしかないわけです。

逆に、僕は部屋を片付けるのが苦手です。一方、カズは整頓魔。

彼の一人暮らしのアパートに遊びに行った時、机の引き出しを開けて驚いたことがあります。何もかもが整理整頓され、まるで標本箱を見るよう。おまけに、何本もの鉛筆はどれも芯の先が針のように美しく削ってあり、それが右から左へ長さ順に並んでいるのでした。シンクに熱湯かけてティッシュで拭く人ですから、こだわりは半端じゃないです。

そんなカズから見れば、僕は歩く秩序破壊者です。

「なんでタックは靴下脱いだら、そこに脱ぎっぱなし、ズボン脱いだら、そこに脱ぎっぱなしなの？　洗濯カゴに入れるのが、なぜできないの？」

なぜでしょう……。後でやればいいやと思いながら、その「後」がいつまでも来ないっていうタイプなんでしょうね。

僕のセリフもお決まりのもの。

「僕、片付けるの不得意なんだもの」


とにかくカズは物がきちんとしていないと気になって仕方がないタイプ。

一緒に暮らし始めの頃、こんなことがありました。

僕たちがエッチをした時のことです。

キスから始めて、だんだん気持ちが乗ってきた時に、カズが突然「タック、ごめん！」と言って、ベッドを離れたのです。何があったんだろうと見ていると、壁に掛けてあった額絵の微妙な傾きを直しているのです。ほんの一センチほどのズレでした。ベッドに戻ってくると「気がついたら、気になってエッチに集中できないんだもの」と言って、すっきりした顔になっていました。それじゃまた最初から！と言わんばかりに、抱きついてきたのですが、この時ばかりは、さすがの僕も「勘弁してよ……」っていう気分になりました。

この時の話を友人に話したら、「よくそんな人と付き合えるね」と言われてしまいました。

こういうところまで受け入れられた僕は偉い！

でもカズにしてみれば、なんでもかんでも言葉にして確認を取らなければ落ち着かない神経質な部分とか、ルールなんだからと夜中を徹して関係についての思いを話し続ける粘着質なところとか、他人に言われた細かい批判をくよくよと考え込んでは何日も落ち込んでしまう精神的な不安定さなど、僕の性格にも問題は大ありだったんだと思います。それをカズはカズなりに受け入れてくれたのです。それも偉い！

「割れ鍋に綴じ蓋」という言葉がありますが、僕らはなかなか人に受け入れてもらいにくい部分をお互いに見せては、許し合っているところがありました。

「この人には自分の最も弱い部分を見せても構わないのだ。それどころか、そこを攻撃されることもない」という安心感は、その人を特別な人にします。

僕たちはお互いをそんな特別な人にし合っていたのでしょう。


そう言えば、ケンカの度にお世話になっていた、あの魔法の言葉。いつの間にか、カズも何かというと「る？」と聞いてくるようになりました。

僕はカズに「る！」って言ってもらえるとなぜだか安心できましたが、きっとカズも同じ気分になってくれていたのだと思います。僕たちがケンカをあまりしなくなってからも、この魔法の言葉は大活躍だったのです。

自分が特別だと思っている人に肯定してもらえるのは嬉しいものです。この「る！」という言葉には「相手に全肯定してもらえている気分」を与える力があるようでした。

僕は月に何百回もカズに「る！」って言ってもらいました。カズに向かって何十回も「る！」って言ってきたと思います。

気がついてみると、僕の心の底に棲みついていたあの「呪い」はだんだん力を弱めていました。理由もなく不安に襲われることが、本当に少なくなっているし、いつの間にか自分の気持ちに安定感が増しているんです。

これは本当にありがたいことでした。カズと付き合い、一緒に暮らし始めたことで手に入れた、嬉しい贈り物でした。

僕は、この贈り物を手にしたことで、自分がどれだけ「身近な人から全肯定されたい」と望んでいたのかを知りました。そして、こんな素敵な贈り物をくれたカズのことも、今よりももっと受け入れ、肯定してあげられる自分でいたいと願いました。

休日の昼下がり。僕は雑誌を読み、カズは爪の手入れをしています。カズはグルーミングが好きで、暇さえあれば爪や肌の手入れをしているのです。

何かを話すわけでもなく、ただ一緒に過ごしている時間。

聞こえてくるのは、窓からの隣の家のテレビの音だけ。

そんな時、カズが「る？」って聞いてきます。カズを見ると、目を上げずに爪の手入れをし続けています。

「る！」って答えると、やっと目を上げて、こちらを見るとわざと顔をしかめてみせます。

こんな時に、僕は自分には何一つ敵はないという気分になるのでした。

16

友人が助けてくれる

カズと暮らし始めて一年ほど経った頃、僕に新しい仕事が入ってきました。

当時、雑誌『ポパイ』で連載していた僕の文章を読んだラジオ番組のプロデューサーが、ゲイの視点から社会を語る内容を面白がってくれて、製作している番組に出ないかとオファーしてくれたのです。

その番組は『スネークマン・ショー』といいました。

この『スネークマン・ショー』は、その後『ＹＭＯ』とコラボレートしたレコードでとても有名になりましたが、もともとはラジオ番組だったのです。

番組は、月曜から金曜まで午後十時四十五分からの十五分間、ＴＢＳラジオで放送されていて、僕は水曜を担当させてもらうことになりました。

「こんばんは！　タックです。ゲイの皆さん、元気でやっていますか？」という僕の挨拶で始まる『ウェンズデイ・スペシャル』は、『スネークマン・ショー』が番組打ち切りになるまでの一年半ほど続きました。

今でも僕の手元に残っている当時の番組の録音を聞くと、僕は番組中で「ゲイ」という言葉を連発しています。今、聞くと少し気恥ずかしいほどです。

当時、一般のメディアの中に「当事者として」ゲイについて語る人はいませんでした。そこで僕はこの番組でしつこいほど「僕はゲイです」と語ることにしました。「一人くらいそういうのがいたっていいんじゃない？」っていうのが僕の番組コンセプトだったのです。そして、「自分を受け入れて生きていこう」というメッセージと共に、映画、音楽、本などのトピックを中学・高校生くらいの若い人に向かって話をするスタイルをとりました。心のどこかで社会の変革を次の世代に期待していたんですね。

この番組に出ている頃は、ちょうど僕に次々と新しい友人ができた時期でもありました。

新宿二丁目でも、今までとは違い、話の合う人たちにたくさん会えるようになってきたのです。話が合う人たちとは、簡単に言えば、「偽装のための結婚はしたくない」とか「自分が好きになった人とずっと付き合っていきたい」という話に、「なに夢見てんの……」というような反応をしない人たちです。

これは、僕よりも若い世代が二丁目にも出てくるようになっていたことと大きく関係があると思います。ゲイ雑誌も何誌か定期刊行されていましたし、それ以前の時代よりもゲイに関する情報が広く流れるようになっていたので、新宿二丁目にもアクセスしやすくなっていたのでしょう。それで、若い人も大勢やってくるようになってきていたのです。そんな中から、僕はそういう「話の合う人たち」と次々に仲良くなっていきました。

新しい友人たちには一つの共通点がありました。

それは、ゲイであることを肯定的に捉えて人生を生きていきたいと思っていることでした。もう少し具体的に言うと、

「自分が好きになった相手と長く付き合っていきたい」

「そういう生き方を肯定している人たちと仲間を作っていきたい」

「そういう生き方を恥じたり隠したりして生きていきたくない」

という、ある意味で、当たり前の欲求を共感できたことです。

でも、こんな当たり前の欲求を持つことさえ難しい状況が長年続いてきていたのです。その意味では、時代が流れて、やっと新宿二丁目にも当たり前のことを望む人たちがやってくるようになった、っていうこと

なんですね。

また、新宿二丁目に限らず、ラジオ番組を通じても、多くのゲイの人たちとも知り合えました。僕の呼びかけに応じた若いゲイの人たちがグループを作ってミーティングを開いたりするようになり、僕もそこに参加していたのです。

自分の周りに仲間だと思える人がたくさんいてくれる状態になってきました。この状況に僕はワクワクしていました。自分が望ましいと思ってきた環境がどんどん現実化して来ているのです。

自分は間違っていなかった。

そんな嬉しさも湧き上がってくるのでした。


マサキとは、ちょうどその頃出会いました。

彼は、僕にとって「人が一生に一人持てるかどうか」というような大親友です。今年で僕たちの付き合いも三十年になります。

彼とは「クロノス」というバーで初めて会いました。そこは、僕に「夢見るシャンソン人形」という称号を与えてくれた、あのクロちゃんが自分でやり始めた店です。

マサキは、僕より一つ年下の三十歳で、ジャズ歌手。そして、付き合いが七年に入ったパートナーと一緒に暮らしているという話でした。

七年！　僕は隣にいたカズと目を丸くしながら顔を見合わせました。

僕たちは付き合いだしてやっと一年を越える頃だったので、二人にとって七年という数字には、気が遠くなるような響きがありました。

僕たちとマサキはすぐに仲良くなり、お宅にも招かれるようになりました。

パートナーのケイは、マサキより二十歳年上の五十歳。著名な詩人で、新聞社に勤めて二人の生活を支えているそうです。二人は南阿佐ヶ谷に一軒家を持っていて、そこで暮らしていました。

当時、僕とカズはたった二間のアパートを借りて住んでいたのです（トイレは汲み取りです！）。そんな僕たちには、彼らの暮らしぶりはパートナーシップのエリートを仰ぎ見るような感覚がありました。

初めて、羨ましいと思える生き方をしているゲイに会えたって感じです。そして、羨ましいと思えたことが嬉しかったのです。それまでは、こういう風には生きたくないという例ばかりを見てきたものですから。

マサキとケイは年齢が大きく離れているので、彼らの関係をそのまま僕たちの関係に置き換えて考えることはできませんでしたが、参考にできるところがたくさんありました。何かを学ぼうとする時、お手本を持てるのは実にありがたいことです。

ケイはパートナーシップに関して経験が豊富で、しっかりとしたヴィジョンを持っていました。そして、過去に、当時のパートナーとの関係で非常に辛い経験もしていて、マサキとの出会いがどれだけ得難いものなのかをしっかりと自覚していました。傍から見ると、甘やかしすぎなのでは？と思うほどマサキを大事にしていて、関係に関してもケイの努力の方が大きく見えます。

でも、二人の関係をじっくり観察していると、マサキはケイが作り出す大きなシールドの中でのびのびと成長しながら、詩人であるケイの最もデリケートで繊細な部分を世間から守っているのが見えてきます。

二人の関係は非対称に見えながら、やはり相互に支え合っているのでした。

僕たちと似ている……。僕にはそんな風に思えました。あちらの方が先輩なのだから、本来なら、僕たちが彼らに似ていたと言うべきなんでしょうけど。

うまくいっている関係は、表面上はいろいろな形を見せても、芯のところで同じ構造になるみたいです。お互い五分五分で支え合ってバランスが取れているんですね。ちょっと抽象的な言い方になってしまいましたが、これがお手本と自分たちの関係を比較して僕なりに得た結論でした。これって、僕たちの関係もけっこういい線いっていた！ってことです。

マサキはおおらかで「育ちがいい」という感じの人柄です。僕のようになんでも言葉で突き詰めていくというタイプではないので、ケイとの関係に関して質問しても「意識してこなかったから、あんまりよくわかんない」と答えるのですが（ちょっとカズと似ているところがある）、彼が一つだけ明確に口にするのは「ケイの最期を看取るのは自分だ」ということでした。

こんなことを何のてらいもなく言ってくれるパートナーを持てているケイを羨ましいと思いました。そして今度も、羨ましいと思えたことを嬉しく思ったのでした。

ある時、ケイに「長く付き合う秘訣ってありますか？」と質問したことがあります。その時のケイの答えは「犬か猫を飼いなさい」というものでした。

意外な答えに「は？」とびっくりしていると、「付き合い始めには、二人の人間はお互いに向き合っているものだけど、ある程度の時間が経ったら、二人で同じ方向を向いていくことが大切なんです」とのことでした。

確かにマサキとケイはペロオという猫を飼っています。これが七年目を迎えられた秘訣なのかしら。いつまでもお互いの顔を見つめ合っていたら、そのうち煮詰まってしまう。二人の関心を向けていける共通の対象を作ることが大事なんだっていうことでしょうね。子供を持たないゲイ・カップルにとって押さえておかなければいけない重要ポイントなのだと思います。

カズに、ケイから聞いたことを話して、「何年かしたら僕たちも犬か猫を飼おうか」と提案したら、「僕、犬も猫も苦手なの」と即却下されてしまいました。僕たちは犬か猫に代わるものを見つけないとダメなのかも。

そのうち、パートナーシップを目指している他のカップルとも知り合うようになりました。一組のカップルと仲良くなると、その向こうにも彼らの友人のカップルがいます。徐々にカップル同士がつながっていくようになり、カップルのネットワークができあがっていきました。

これは、関係作りの真っ最中のカップルにとって、とても良い環境が作り上げられてきたことを意味します。同じような苦労を経験している仲間が側にいれば、何かの折に相談をしたり、相談に乗ったりできます。情報交換が大切なのは、関係作りにおいても同じなのです。それに、たくさんのカップルを観察しているだけで、たくさんのことが学べます。お互いがお手本になったり、反面教師になったりするからです。

また、多くのカップルがいる環境の中では、それぞれのカップルはお互いを一つのユニットとして見るようになります。周りからユニットとして扱われるのは、カップルにとってけっこう大事なことなんです。それはカップルとしての自覚を二人それぞれの気持ちの中に作り上げるからです。

そして、その自覚は関係を支える大きな力となります。

実は、カップルはカップルだけで成り立つわけではなく、カップルをカップルとして認め尊重してくれる他の人たちがいて初めて成り立つものなんですね。

新しい友人たちと付き合いを深めていく中で、そんなこともいろいろと見えてくるのでした。

17 タックスノットの誕生

「タック、僕たちゲイバーをやりましょ！」

ある日、カズが突然言い出しました。僕は一瞬自分の耳を疑いました。

「なんでゲイバーなの？」と、わけがわからない僕。

「だって僕たち二人でできることって他にないじゃない！」

カズは涼しい顔をして、そう言うのでした。


僕とカズの関係はとても良い状態で安定していましたが、実は生活そのものはゆっくり、ゆっくりと下降線を描いていたのでした。

カズは大学を卒業してすぐに就職したシャンソニエの仕事を思い切って辞めていました。彼は『銀巴里』というシャンソン専門のライブスポットを活動の中心にしていこうと考えていたのです。それは、自分が納得できる歌の世界を作り上げるためでした。しかし、そのために収入がほとんどなくなることを覚悟しなくてはなりません。

カズには亡くなったお母様が残してくれた、ちょっとした貯金があり、それを取り崩しながら、二人で決めた生活費の折半分を出すようにしていました。計算では二年くらいはこのままで行けそうとの話でした。

『銀巴里』に出演するにはオーディションがありましたが、それをクリアできたことが、彼が新しい方向へ動くきっかけになったのです。『銀巴里』は当時、歌手が本当に歌いたい歌を歌うことができる数少ないライブスポットで、そこに出ていることは、シャンソンを歌っていこうとしている歌手にとっては一つのステイタスにもなるような場所でした。

カズは金銭的には辛い状態ながら、自己実現に向けて、また一歩前に踏み出していたのでした。

僕の方はと言うと、しばらくは『ポパイ』の連載と『スネークマン・ショー』を続けながら、夜のバイトをして、それなりの生活費を稼いでいました。

しかし、そのうち連載が中止になり、続いて『スネークマン・ショー』も番組そのものが打ち切りとなってしまいました。

そこで、これをせめてプラスの方向へ動くきっかけにしようと思い、バイトをギリギリまで減らして、初めての個展を開く計画を立て、作品を作り続けたのでした。

銀座の小さな画廊で初の個展を実現させたのは、ちょうどカズがシャンソニエを辞めて一年ほど経った頃でした。僕も金銭的には惨憺たる状況ながら、自己実現に向けて一歩前に進んでいたのです。

二人の関係も安定した軌道を回っていたし、友人たちとの交流の輪もどんどん大きくなっていたし、僕たちそれぞれの夢も、少しずつではあるけど、実現していく方向へと動いていたのです。後は経済的問題だけでした。

それでも僕はこの生活にけっこう満足していました。預金などは全くなく、二人の給料日の前日にはいつも数百円しか残っていないような状態だったというのに。多分、そこは見ないようにしていたのでしょう。

家計の切り盛りを僕に完全に任せていたカズも、とうとうこの状態に危機感を持ったようです。そして業を煮やして言ったセリフが「タック、僕たちゲイバーをやりましょ！」だったのです。

カズの頼みの預金はすでに半分以上がなくなっていました。このままでは自分たちの生活は早晩行き詰まる……。きっとカズの頭の中でアラームが鳴りっぱなしになっていたんだと思います。彼としては珍しく「計画を立てての」提案となったのです。

「ゲイバーやるって、僕は酒も飲めないんだよ」と僕。

「お酒は僕が飲めるから大丈夫。タックは話をするのがうまいし、友達たくさんいるんだから、二人でやればなんとかなるんじゃない」とカズ。

「そんなイージーすぎない？　だいたい、店を開くってそんなお金どこにあるのよ」と僕。

「お金は僕が親から借りてくるから心配しないで。僕の結婚の費用にって貯金してくれてるお金があるんだって。それを借りるから」

カズは本気なのでした。

僕は酒を扱う商売には偏見がありました。生活のためにバイトするくらいならいいけど、自分でわざわざ始めるべきものではないと思っていたのです。

だけど、カズの言うことは反論できませんでした。確かに、僕ら二人が一緒に始められることって他には思いつかないのです。

「……わかった。やるよ」

僕はしぶしぶ承知しました。

「そうよ、やるのよ！　僕たち二人なら絶対大丈夫！」

ちょっとハイなカズ。

なんで絶対大丈夫なのか理由はわからないけど、カズにそう言われるとそんな気もしてくるのが不思議です。僕は付き合い始めの頃から、カズの直観のようなものには全幅の信頼を置いていました。僕が何日も、ああでもない、こうでもないと考えてやっと辿り着くような結論を、途中の経過を省いてさっと掴んでくるタイプ。それがカズだったのです。彼のノリに乗っかってみよう……。そんな気持ちになりました。

ゲイバーをやる。

それだけは決まったのですが、何を考えればいいのか、何をすればいいのかは、見当がつきません。とにかく、何日もかけて、二人で何がしたいのかを話し合ってみました。

二人で意見が一致したのが、たくさんお金が稼げなくてもいいから、二人がそれぞれやりたいことができる自由な時間が確保できて、二人の生活の基盤を安定させられるようにしたいということでした。店を経営することに全ての時間を取られてしまっては元も子もないわけです。二人がそれぞれやりたいと思っていた夢を叶えるための店である、というのが最も大事なポイントなんですから。

そこで基本的に一人で切り盛りできるサイズの店にすることにしました。それなら、週末の忙しい時だけ二人で店に入ればよく、週日は交代で休めます。

一人分の稼ぎで二人がなんとか生活できれば、働く時間を半分にできるという発想です。今ならワーク・シェアリングって言うかな。

ここさえ押さえておけば、それ以外はたいして重要でないという結論になり、後は「そうした方が楽しくできそう」とか「どうせやるなら、この際やっちゃおう！」という、遊び心を満たす方向へと話は向かっていきました。

この遊び心系は、僕の得意分野なので、カズはもっぱら聞き役でしたが……。

まずギャラリーの機能があるような店にしたいと思いました。当時の日本では、ゲイ的な表現に溢れた絵とか写真を気軽に発表できる場がなかったのです。僕としてはぜひ実現したい部分でした。

それから、パートナーシップを応援する店にしたいとも思いました。長い関係には、それを外側から支える周りの状況というものが必要だというのは痛感していましたから。カップルで行ける店、カップルであることを尊重してもらえる店、そんなものをイメージしました。それは僕が新宿二丁目に足りない部分だと思っていたものです。

その他にもとにかく明るい雰囲気の店にしたかったたし、酒の飲めない人も楽しめるメニューも用意したいとも思いました。

ちょっとしたお料理も出したらいいかも……。

夢を語っていると僕もだんだんハイになっていきます。

しかし、「カズはどんな店にしてほしい?」と聞くと、彼の答えはクールにも「掃除がしやすい店」でした。一緒になって舞い上がっていかないのがカズのいいところです。やっぱり、僕たちはなかなかいい組み合わせだったのでしょう。

こんな感じで僕たちのゲイバー・プロジェクトは始まりました。

動き出してみると、適当な物件がすぐに見つかり、あれよあれよという間に事態は進行していきました。契約交渉、予算の見積もり、店舗設計のための建築家との交渉、備品の調達、値段の設定、保健所へ営業許可証の申請、酒屋との交渉、エトセトラ、エトセトラ……。店を始めるって、やっぱり大変なものなんですね。僕たちの最大の強みは「始めた時には大変だとは知らなかった」ってことだったようです。

とにもかくにも、一九八二年四月四日、僕たちのゲイバー『タックスノット』はオープンにこぎ着けました。カズが爆弾発言をしてからたった半年後、そして僕とカズが付き合いだしてから四年後のことになります。

店の名前の意味は「タックの結び目」。

「お客さんはほとんどタックの友達が来るんだから『タックの何とか』みたいな名前がいいよ」というカズ

の意見を容れて、この名前になりました。人と人を結んでいければいいなという思いも込めて。そしてカズの誕生日である四月四日をオープンの日とした次第。

オープンの日にはマサキを初めとして何人もの友人がカウンターの中に入って助けてくれました。友人たちも、突然ゲイバーをやると言い出した僕たちに面食らい、戸惑いながらも応援してくれました。

でも、経済観念の薄い、世間知らずの二人組が水商売をやるなんてどうなることやらと、多分ハラハラしながら見ていたんじゃないかと思います。

でも、やっぱり一番ハラハラしていたのは、もともと不安症の僕だったようで、オープンの一ヶ月後には後頭部に五百円玉くらいの円形脱毛があるのを発見したのでした。

18

子供に代わるもの

タックスノットは、ゲイバーが集中する新宿二丁目と道一本隔てた新宿三丁目にあり、二十七年経った今でも開店した時と同じ場所で営業をしています。

カウンターがあるだけで、九人が座ったら、後は立ち飲みをするしかないような小さな店です。カズとの話し合いで「一人でもやっていける店」という条件で探したのでこの大きさになったのですが、二百軒あるとも、三百軒あるとも言われる新宿二丁目近辺のゲイバー群の中では、それほど珍しくないサイズのようです。

最近ではずいぶんと照明を落として営業をするようになりましたが、オープン当時はとにかく明るい店でした。輝くライトの光は白い漆喰の壁にも反射して眩しいくらい。

当時、「二丁目」はゲイの解放区でしたが、独特の暗さも持っていました。

「しょせん自分たちはオカマでしかないのさ……」というような暗さです。

ゲイであることを肯定しにくい時代だったので、この街にやってくるゲイの多くが、そういう影を引きずっているのは仕方がないことだとはわかっていても、僕にはその暗さが好きになれなかったのです。

単純すぎますが、「ゲイであること」に対するポジティブな気持ちを照度で表現したかったのです。酒を飲むには明るすぎて、バーという商売にはマイナスなのですが、僕には譲れない部分でした。

タックスノットはギャラリーでもあるので、照明が明るいのは当然なんですけどね。

心配していた客の入りですが、口コミでお客さんも来てくれるようになり、けっこう賑わうようになっていきました。明るすぎる店というのも、それなりにインパクトがあったのかもしれません。

最初の二ヶ月くらいは毎日二人で店に入っていましたが、流れが見えた段階で勤務シフトを決めました。金土日の週末は二人で一緒に店に入り、水曜日を店の休みにして、残りの三日はそれぞれが一人で入ることにしました。

それぞれの休みがあるのに店の休みも設定したのは、二人が一緒に過ごす休日を大切にしようと思ったからです。それを知った他の店の「ママ」からは「開店一年くらいは休みなしで営業するもんよ。お気楽ねぇ」と言われましたが、二人一緒の休みにはこだわりました。だって、お店をやって二人の気持ちが離れたなんてことになったら元も子もないじゃないですか。

とにかく、これで僕たちは隔週で週三日の休みを確保できるようになったのです。自分の時間もそれぞれにちゃんととれるわけです。

ありがたいことに、それからもお客さんの入りは落ちず、週末などは立ち飲み状態になるほど賑わうようになりました。

このことは僕たちの経済状態を劇的に改善しました。

劇的に改善などと言うとご大層な響きがありますけど、実のところは「割と普通の生活ができるようになった」ということです。

毎日ちゃんとご飯が食べられて、毎月の支払いの心配がなくなり、僕もカズもそれぞれに資料の本やレコードが買えるくらいの生活。そして何かの時のために、少しずつでも貯えができる生活。そういう生活です。

要するにそれまでがちょっとひどすぎたんですけどね。カズが爆弾発言したくなったのも無理からぬことでした。


素人二人で始めたゲイバーが、なんとかお客さんを集めることができたのは、新宿二丁目という場所が持っている特殊な環境のお陰でした。

いわゆる「二丁目」といわれている狭いエリアには何百軒ものゲイバーがあるのですが、この街には、ゲイの人たちが自分の気に入った店を何軒か繋ぐような形で、次々に回遊して遊ぶという文化がありました。

どの店も一杯千円ほどの安い料金なので、一晩に四、五軒の店を回るというのはそれほど珍しいことではありません。どの店も十席から十五席くらいの小さなサイズです。客が混んできたら、次の店へ移動というのもそれほど面倒なことではないのです。週末ともなると、何千人ものゲイの人がこのエリア内をぐるぐると回遊する形となります。

そういう、それぞれのお客さんの回遊コースの一つに、「最近できた、やたらと明るい店」というのが入り込むのはそれほど難しいことではなかったのかもしれません。

そうやってたくさん来てくれたお客さんの中から、タックスノットの持つ雰囲気を気に入ってくれた人たちが常連となって残ってくれたのです。

客商売では、客が店を選ぶのは当然ですが、店側も店のカラーを打ち出すことで客を選んでいます。客と店も「出会い」が肝心なのです。この「出会い」のチャンスを与えてくれるのは「二丁目の回遊システム」というわけです。

さて、ここでタックスノットのカラーについてお話ししましょう。

「お客さんとは本音で付き合いたい」

これが、僕の最も根本的な欲求で、この欲求がタックスノットのカラーを決定していたんだと思います。本音で付き合うというのは、自分が持っている人生観を大切にして、お客さんと付き合っていきたいということです。このことは商売そのものよりも優先順位が上だったのです。

極端な話、「人生観が共有できる、一杯しか飲まないお客さん」と「相容れない人生観を持つ、たくさん飲んでくれるお客さん」を比べたら、僕は「人生観が共有できるお客さん」の方を大事にしてしまいます。もちろん「人生観が共有できて、たくさん飲んでくれるお客さん」が一番好きですけど(ものすごく本音!)。

タックスノットにはカラオケがありません。飲み物を提供する以外には、基本的にお客さんと話をしたり、お客さん同士の話が弾むように話題を振ったりすることくらいしかサービスの方法がないのですが、そういった話をする時でも、僕は自分の持っている人生観や価値観が色濃く反映するような形で話をしてしまうんです。

だからお客さんは僕の話を聞いているうちに、僕がどんな生き方を評価しているかがすぐにわかります。

僕は、「昼の世界」と「夜の世界」を使い分けたりしない人を評価していましたし、自分がゲイだってことをポジティブに受け入れている人や、受け入れようと努力している人が好きなのです。

そして、男同士での長い付き合いを求めている人を仲間だと思っていました。

だから初めてのお客さんが来ても、二丁目では定番の質問になってる「どんな男が好みなの?」と聞くよりも、「仕事何しているの?」とか「今付き合っている人いるの?」とか聞いてしまうのでした。隠さず話してくれると、つい家族構成や出身地とかも聞いてしまうので「調書を取られているみたい」と笑われたこともありました。

昔の二丁目では、初めて行った店で本名を言うと、「バカね、こんなところでは本名なんて言わないもんなの」とたしなめられることがよくありました。僕はそういう風潮が好きでなかったので、その反動でこんな雰囲気を作り出してしまったのかもしれません。

そんなわけで、本名を言わない方が気楽なタイプの人たちは、タックスノットには定着せず、結局のところ、僕の価値観なり人生観を共有できる、または許容できる人たちが常連となって残っていったというわけです。

そういう人たちの数はこの街にやってくるゲイ全体の中ではほんの一握りだったのだと思いますが、今までの二丁目では味わえない「新しさ」を提供したことで、タックスノットはある種のニッチ市場を掴めたのかもしれません。


店の経営が軌道に乗ったことで、僕たちは経済的な安定を手に入れましたが、メリットはそれだけではありませんでした。僕たちにものすごく大きな自信を持たせてくれたのです。一人だったらとてもできそうにないことを、この二人でやったらできちゃった!ってわけですから。

もともと「僕たちってけっこういい組み合わせかも」と思っていたけど、「けっこうどころじゃない。素晴らしいんだ!」って感じです。

この思いは、僕たち二人の絆をより強いものにしてくれました。それは店を始めたことに付いてきた「おまけ」だったのですが、その「おまけ」こそが僕たちが手に入れた最も大きなメリットだったのです。

僕たちは毎日食後の「お話タイム」に、店で起こったいろいろなことをネタにして、いつまでも話に花を咲かせました。

店っていうのは、ホントに多様なお客さんがやってくるし、お客さんの組み合わせ次第でビックリするようなことが起こったりするので、話が尽きないのです。一番楽しいのは苦手なお客さんの悪口を言って、ストレスを発散することですけどね。

タックスノットは僕たちの関心事の中心になってきていました。

二人で作り上げた店。もっとステキに育っていって欲しい店。店をどうしていくかの方針でケンカをすることもあるけど、やっぱりお互いが一番頼りにしている「戦友」。

あれ？　これって僕たちの子供みたいなもの？　いつのまにか「二人が関心を持てる共通の対象」を手に入れていたのです。

どうやら、僕たちは「犬とか猫を飼う」必要はなくなったようです。

19 やっかいなもの、それはセックス

時間が経てば経つほど、関係がよくなってきている実感がありました。

そんな中でたった一つ、時間が経てば経つほど、どう扱っていったらいいのかわからなくなるものがありました。

それはセックスでした。

セックスは難しい。これが僕の正直な感想です。

これは、セックスそのものが難しいというのではなく、関係性の中でセックスをどう扱えばいいのかという問題が難しいという意味です。

セックスという言葉でイメージするものや、セックスに求めるものが人それぞれ違うので、「関係性の中でのセックス」には調整が必要になってきます。

一方で、セックスは、調整というものとは馴染まない側面があります。

僕とカズのセックスは、最初のうち、それほど問題もなく、うまくいっていたのですが、時間が経つにしたがって微妙にギクシャクしてきました。

これから、その辺りの経緯をお話するつもりですが、内容が内容だけにかなり直接的な表現が出てくると思います。実のところ、自分たちのセックスについて微に入り細にわたって説明するのは好みではありませんが、これを避けていると本当に言いたいことが伝わりそうにないので、覚悟を決めました。

何もそんな風に露骨に語らないでも……と思う部分も出てくるかと思いますが、セックスの難しさ、調整することの難しさを伝えたいという僕の真意を汲んで、ついてきてください。

うまく伝わると良いんだけど……。

まずは僕の話から。

僕は穏やかなセックスが好きです。

ゆったりとしたペース。途中で声を交わしたり、笑ったりできる、ゆとりのあるペースが好きです。僕にとって、セックスには親密な会話をしているのと同じような雰囲気が大切です。

裸になって、キスをしたり、抱きしめ合ったり、お互いの体を触れ合ったりしながら、お互いの存在を確認し合えるような「官能的な」気分が重要です。その中で特にキスは大事です。キスのないセックスならしない方がまし、って思うくらい。

僕は、バック（肛門）に挿入するのはタチ（挿入する方）でもウケ（挿入される方）でも苦手なので、自分のおチンチンを手や口を使って刺激してもらうのが好きだし、相手のも手や口で刺激してあげるのが好きです。できるだけ「ゆっくりと」興奮を高めていって（ここ大事！）、ほどほどの興奮状態に達したら、射精をして割と早めに緊張をほぐすという感じが好き。興奮し過ぎるのも好きではない。「興奮すればするほど良い」という感覚には違和感を覚えます。だから相手がそういうものを求めていると感じると、気持ちが萎えてしまうんです。

「行く」時は、僕は相手と強く抱きしめ合い、キスをしながら、相手の手で行かせてもらうのが好きです。この瞬間、相手の行為に自分の快感を委ねているというイメージが、僕を官能的な気分にしてくれるのです。

そして、「行った」後も大事なんです。興奮が静まって、穏やかな気分でずっと抱き合っていること。これこそがセックスの中での最高のご馳走なのです。

あと、二人だけの秘め事という感覚が大事です。特別な絆っていうか、君は特別だからセックスをするんだよっていう感覚です。

秘め事ですから、あまり明るい環境ではそういう気分になりにくい。どちらかというと薄明かりの中の方がリラックスできるかな。

馴染みがないでしょうが、「バニラ・セックス」という言葉があります。

「刺激に満ちたセックス」にたいして「ちょっと面白みのない、ありきたりなセックス」という少し揶揄したニュアンスを込めて使われ始めた言葉です。

たくさんのフレーバーが作り出され、たくさんのトッピングも用意されるようになったアイスクリームの世界で、人々がバニラ味に対して持つイメージから作られた言葉です。

今では、そういったネガティブな捉え方ではなく、「バニラ・セックスこそ自分たちの求めるものだ」とプライドを持って「バニラ」を自認する人たちが出てきていますが、まさに僕はこの「バニラ」なんです。

これが僕の「セックス」です。

さて、次はカズの番。

カズもキスが大好きです。本当に何時間でもしていられるほど……。

だけど、僕と共通するのはこれだけで、後はずいぶん違っていました。

カズはバックのウケが大好き。カズはマスターベーションを知る前から、一人でお風呂に入っている時にお尻にいろんなものを入れて遊んでいたという強者です。なんとかというシャンプーのフタの形がホントに具合がよくて、それが一番のお気に入りだった、とニコニコしながら話してくれた彼は「天衣無縫《てんいむほう》」という言葉がぴったりでした。

タチは、やれと言われればやるといった程度。とにかくバックに挿入されるのが大好きだったのです。僕の最も苦手なものが大好きなんです（ため息）。

カズのセックスのイメージは「解放」。

僕とは逆に、明るい所でするのが大好きで、太陽が照りつける自然の中でやるのが最高のイメージなんだそうな。声も大きく出すのが好きな発散型です。

カズにとってセックスは誰とするということはあまり重要ではなくて、自分のエネルギーを思い切り解放することの方が重要。セックスの相手はその協力者って感じです。だから、出会ったばかりの人とでも、二人で思い切り発散できれば、それは素晴らしいことで、終わった後には「楽しかった！　ありがと！」って握手してサヨナラできるような感覚。

そういうスカーンとしたセックス観は、僕には羨ましい部分でもありました。だからこそ、カズと出会った時に「雲一つなく晴れ上がったセックス観」に対して魅力を感じたわけです。だけど、それは僕が思う「セックスは特別な絆の表現」といった感覚とはかなり違うので、これはそのまま僕たちの間にいつか「難問」として浮上する可能性が大きいものでもありました。

これがカズの「セックス」です。


こういう二人がセックスをしていたわけです。唯一の合致点は「キスが好き」という部分だけ。最初のうちは、お互いに新鮮だったし、珍しさも手伝ってか、それほど問題もなくセックスができていました。キスを中心にして、お互いを手で行かせ合うという形で、なんとか成り立っていたのです。

そのうち、僕たちの関係も落ち着いてきて、性的にも慣れ親しんだ感じが出てくる頃になると、カズも「こんな風にしてみたい」とかはっきり言うようになりました。もちろん、僕もそれに応えようとしました。カズと一緒にやれば苦手意識とか克服できるかもしれない……なんて期待もあって。

当然ながら、僕がタチをするリクエストが真っ先に来ました。

そこで、何度もトライはしてみたんですけど、しょせん楽しくないことをやっているので、結局、途中でおチンチンが萎えてしまい先に進めません。

「それじゃ」と今度はカズがタチをしてみる。

これには一つ問題がありました。カズはいわゆる巨根なんです。

これは初心者には無理なサイズです。それでも果敢にアタックする僕。

これも日を改めては何回も試しましたが、その都度、あんまり僕が痛がって大騒ぎするので、カズは白けてしまい「もういい！」と放り投げる始末。

「ちょっと、その言い方ないでしょ！　こっちも頑張ってるんだから」とそのままケンカにも発展するんだけど、その辺は割愛。

他にもいろいろ挑戦してみました。なんと言っても、カズは「解放派」。いろんなことに好奇心がいっぱいです。

外でやってみたい。逆立ちしてるとこに入れたらどうだろ。ブリッジしながらやるのはどう？（サーカスじゃない！）

その都度、僕も頑張ってはみました。だけど、笑ってしまうような面白さはあったけど、セクシーな気分にはなれない。だってこんなの秘め事じゃないでしょう？　こっちが楽しんでないから、カズも面白くない。

カズの好きなのは、相手と一緒に思い切り開放感を味わうことなんですから。

あれこれ試行錯誤をしてみたけれど、新たな地平は見つからず、結局「キスを中心にして、お互いが手で行かせ合う」という形に戻ってきました。カズとしては不満もあったでしょうが、まぁこんなもんかなと納得してくれていたようです。性格的に物事にあまりこだわらないほうなんですね。

でも、いろいろと試行錯誤をしたことが、僕の性的な気分を傷つけてしまったようで、「行かせ合う」という部分まで楽しめなくなってしまったのです。

僕たちは、食後にベッドに横たわって、ハグをしながらキスをするのが好きでした。お腹が一杯になって、リラックスして、そのまま眠ってしまいそうな、僕にとっては至福の時。

そんな時、カズはすぐ「勃っちゃった」ってセックスをしたがるんです。

「ええ？　またやるのぉ」

「いいじゃない。クイッキーでいいから！」

二人の間では、さっさと射精に至るセックスはクイッキーと呼んでました。

「わかったよ。僕は行かなくていいからね」

「やって、やって！　早く行くからね」と無邪気に喜ぶカズ。

それじゃとおもむろにカズのおチンチンを刺激し続けていると、なんだかソープ嬢にでもなった気分です。

こうなるとどうしたって、心の中では「早く行って！」って念じちゃいます。

カズが行ってさえくれれば、また安らかな気持ちで抱き合っていられる。それを目の前にぶら下げた人参にして、頑張る僕。

こんな気分でのセックスを続けていたら、自分が行くことにも問題が生まれてしまいました。行くためには十分に興奮しなくちゃならないのに、興奮しきれないんです。そうなると、頭の中でカズとは関係なく「いやらしいこと」を想像して、その力を借りて「行く」ようにする。なんだかこれって自分でマスターベーションしているのと、あんまり変わらない。

僕はいつのまにか下向きのスパイラルに入り込んでしまったようです。

こんな状態が続いているうちに、当然ながら僕の乗り気のなさはカズの興を削いでいき、だんだんと僕たちのセックスの回数は減っていきました。

そして、店を開店する頃には、僕たちはセックスをしなくなっていたのです。

20 関係を守るための「実験」

セックス以外では良い関係が順調に育っているので、「セックスなんて大した問題ではない」という気持ちはありました。

セックスをしなくなっても、僕たちは食後や寝る前に抱き合って親密な時間を過ごしているのです。これがあれば充分だ、と思っていました。

「だけど、本当にこのままでいいのだろうか」

小さな不安が頭の片隅にあることも否定できませんでした。

二人の間にセックスがなければ、セックスがしたくなった時には他の誰かとすることになる可能性は高いのです。それが自分たちの関係を損なわない、という保証はありません。カズはもともと「雲一つない青い空」のようなセックス観の持ち主なのです。動き出したらどうしよう……。

ここまでうまくやってきたのに、この問題の扱い方を間違って、足下を掬われるのなんて絶対避けたい。そんな思いが僕を緊張させます。

いつもなら二人でいろいろ話して解決策を模索するのだけれど、この問題に関しては話をすること自体が怖いのです。

下手をして、パンドラの箱を開けることになってしまわないだろうか……という恐怖です。セックスに絡んだ話って難しい。

誰かに相談したくても、こういうことって誰に話せばいいのかわかりません。

もともと二丁目では、男同士の長い関係には懐疑的というのが圧倒的多数派なので、そんな悩みに関しての話題など聞いたことがありません。パートナーシップを応援するタックスノットでも、セックスに関しては「こんなすごいことをやった」とか「こんな変なのをやった」とか、面白おかしく話されることはあっても、セックスがなくなったのをどう乗り越えるかなんて話が話題に上ることはないのです。だいたい、そんなことを説得力ある形で話せるほど経験豊かなカップルっていないのです。

それに、多くの場合、カップルは自分たちのセックスの話を他の人にすることは避ける傾向があります。周りの興味本位の視線から自分たちの関係を守らなければならないからです。

「セックスはまだあるの？」

カップルに対して、これほど頻繁に、そしてこれほど無遠慮に尋ねられる質問はないでしょう。

これは、子供を育てていないカップルが、セックスがなくなっても付き合っているのは「仮面夫婦」のようなものだという、ちょっと「意地悪」が込められた質問なのです。答えには慎重さが必要です。

心を許した人に対してでなければ「けっこううまくいってるよ」と答えることが多いはずです。たとえ実際にはセックスがなくなっていたとしても。

今の僕なら「セックスがなくなっても大丈夫。むしろセックスがなくなってからがパートナーシップの本番なんだよ」と自信を持って言えるけれど、当時の僕には経験も実績もありませんでした。

一人で心配していても埒があきません。不安が不安を呼ぶ状態は避けたいし、今までだって二人で話をすることで、いろいろな問題を乗り越えてきたのです。

結局、カズとセックスのことについて話すことにしました。

まず、わかってはいたことですが、お互いの間でセックスをするのはあまり気乗りがしないというところが確認できました。

となると、これから先、自分たちのセックス・ライフはどうなるのかという部分が問題となってきます。二人でセックスをしないで、他の人ともしてはいけないのなら、一生セックスなしってことになってしまいます。それでいいのかという問題です。これって言葉にしてしまうと、「そうだ」と言い切れる人はほとんどいないのではないでしょうか。「付き合っている人には他の人とセックスしてほしくない」と思っている僕でもそこまでは言えません。

いろんなシミュレーションを交えながらたくさん話をした結果、他の人とセックスをするくらいは構わないのじゃないか、という結論に達しました。自分たちの関係はそんなことくらいでは壊れないだろう、という自信もどこかにあったのだろうと思います。そして、その代わりに、「秘密は作らない」というのをルールにしました。狭いゲイの世界では、「誰それがハッテン場にいた」なんていう話は必ずどこかから耳に入ってくるもんなんです。そんなことを他人の口から聞くのは誰だって嫌でしょう?

それに、秘密を作り始めたら、お互いの信頼関係が揺らいでしまいます。

というわけで、ひとまず、このルールでやってみることにしました。

さて、やってみたところ、パンドラの箱を開けてしまうのでは、と危惧していたような状態にはならず、トラブルが持ち上がることはありませんでした。むしろ最初の頃などは安堵感さえありました。いつか来るかもしれない「浮気がバレて関係が悪化」なんていう状況に、もう怯えなくていいという感覚です。それに、自分たちの関係を「現実的で進歩的な関係」にできたという妙な昂揚感もありました。

だけど、そんなに都合のいいことばかりでもありませんでした。

二人とも、「セックスだけ」という形で割り切って「遊べる」タイプならうまくいったのかも知れませんが、僕はそういう割り切りができないのです。

僕とカズではセックスに求めるものが違うので、その違いがセックスをする相手との接し方に出てしまうのです。僕の場合、気持ちも一緒に動いてしまうのです。要するにセックスをした相手を好きになり、いろいろな関わりを持ちたくなってしまうのです。というよりも、気持ちが動きそうな人でないと、セックスをしたいとは思えないのです。

結果として、恋愛感情が動き出し、相手に多くを求めてしまいます。相手としては、僕にはパートナーがいるのだから、割り切った関係と思ってセックスしたのに、なんだか話が違うと逃げ出します。逃げられれば、余計に追いたくなるのが人情。追えば、また逃げる。悪循環です。そうなると辛い片思いになって毎日ため息の連続なんていう情けない状況になってしまう。これでは誰かとセックスをする度に、実らぬ恋に悩む危険性が高くなってしまうわけです。

もちろん、「実りのある恋」になってしまったら、もっと困ったことになってしまうのですから、これは袋小路です。

辛い片思いをした時などは、誰かに話を聞いてもらいたくなるものです。聞いてもらいたい人は、もちろん僕のことを一番理解してくれているカズなわけですが、いくらなんでもそれはできません。

でも僕の様子から何が起こっているかがわかるカズは、「あの子のこと、好きになっちゃったんだ……」と言ってくれます。パートナーの前で、他の子を好きになってため息をついているんだから最悪です。

「ねぇ、あの子が構わなかったら、僕は三人で暮らしたっていいよ」なんて大胆なことを言い出すカズ。彼なりに僕の辛さを受け入れようとしてくれてるんでしょう。

カズにこんなこと言わせるなんて、僕は一体何をしているんだろう……。自分が情けなくなります。

ま、ありがたいことに「あの子」はそんなことを望んでないので、一ヶ月くらい経てば僕も諦めざるを得ず、それで一件落着ということになります。

恋愛感情なんて熱病みたいなところがあるので、熱が下がってみたら「なんであんなに夢中になっていたんだろう」みたいな気分になるものです。だけど、熱が最も高い頃は「カズと別れて……」なんてことさえ頭をよぎるのですから、ホントに恐ろしい。くわばら、くわばら。

カズの方はもともと割り切り可能な人ですから、他の人と軽くセックスをしてました。軽い分だけ数も多いんです。「セックスだけなら構わないよね」と、知り合ったばかりの友人、店にやってきたお客さん、ハッテン場で出会った人と軽やかに関わっていきました。ホント、蝶々みたいです。

知らない人とのセックスだってホントは気になる僕は、お客さんや友人とセックスしたと知らされると、すごく複雑な心境になります。彼らは僕たちの関係をどう思っているんだろうとか、彼らに下手な対応をして嫉妬してるなんて思われたくないとか、通常なら考えなくてもいいようなことをいつまでも考えてしまい、気持ちが塞ぐんです。

でも僕の時には「三人で暮らしてもいいよ」とまで言ってくれたカズには、そんな事で文句は言いたくないのです。

こんなことやっていていいのだろうか。本来、自分たちの関係を守るために始めたのに、こんなことで関係は守れるのだろうか。

だけど二人で決めたことなのだから。

自分の気持ちの中には何とも言えない異物感がありました。それを感じながらも続けていたのは、「決めたのだから」ということに縛られていたのかも知れません。あのまま続けていたらどうなっていたんだろう……と思います。

僕たちの「実験」は、カズの突然の宣言で終わりを迎えたのでした。

「タック、もう僕たち、こんなことやめよう。こんなこと続けていたら、僕たちの大事な関係がダメになっちゃうもん」

それは僕が二人目の「あの子」に夢中になり、ため息ばかりをつく何週間を経て、ようやく熱が下がってきた頃に言われました。カズの言葉はいつだってシンプルです。そして大事なものを掴んでいる。

カズの言いたいことは充分に僕に伝わりました。僕も「そうだね。やめよう」とだけ答えました。カズも同じことを感じていたんですね。

あの「話し合い」から三年が経っていました。

僕たちは「やめよう」とだけしか決めませんでした。

今までは何でも詰めて話し合ってきたけど、こんなに曖昧な言葉で留めておいたのは初めてのことです。なんでも言葉にしてやってきたけど、その結果があまりうまくいかなかった。だから、自分たちの関係を守るためには、敢えて言葉にしない方法でいくしかない。そんな風に二人の気持ちが一致したんでしょう。決して、いい加減な対処をするために、言葉にするのを避けたわけではありません。初めから言わないようにしているのと、言葉にし続けて向こう側に突き抜けた結果、言わなくなるのとでは大きな違いがあります。

僕たちは、二人の間にセックスがこれから先もない、ということは痛いほどわかっていました。その上で、「こんなことはやめよう」とだけ決めたのです。それは、相手がどう行動するかは相手を信頼して任せようという覚悟ができたということです。

細かいルールを作らずとも、相手はきっと自分を大事に扱ってくれるはず。そういう強い信頼感が、二人の間に育ってきていた証拠なのかもしれません。

僕たちは、この三年ほどの間、激しい急流を夢中で下ってきたような気がします。気がつくと流れはゆったりとしたものになっていました。

どうやら難所は乗り切れた……。そんな風に僕は思いました。

21 十周年を過ぎて

二人が良い関係を築き、それぞれの夢を少しずつ実現できたのは、自分たちだけの力によるものではありません。いくつもの幸運が支えてくれたのです。

特にありがたいと思えた幸運は、カズのご両親（カズのお父さんと、再婚した新しいお母さん）の人柄でした。

カズのご両親が、息子の人生に干渉してくるようなタイプだったら、僕たちの生活も全く違った展開を見せていたと思います。しかし、ご両親は常に、カズがやりたいように、やらせてくれたのです。

決まっていた就職を蹴って歌の仕事を選んだ時も、友達（僕のこと）と一緒に暮らすと言った時も、反対することはありませんでした。

カズが「これから先、結婚はする気はない」と話すと、お父さんは「結婚するだけが幸せじゃないから」と言ってくれたそうです。それを聞いた時、息子を常に自分のコントロール下に置きたがる父親しか知らない僕は、なんだか聖人の話を聞いているような気さえしたものです。

カズがゲイバーをやろうと言い出した時、ご両親が実際に資金を貸してくれたことに、僕はかなり驚きました。普通、親がそんな簡単にお金を出すはずがないと思っていたからです。

カズの実家は、裕福な暮らしをしているわけではなく、夫婦共働きで一人息子のカズを育ててきたような家庭です。それに、僕たちの本当の関係も知らせていないので、僕は、ご両親にとってみれば、息子が東京で一緒に暮らし始めた「友人らしき人」でしかありません。ある意味で、息子から突然、どこの馬の骨ともわからない人間と急に商売をやるから金を出してと言われたわけです。そう簡単に「ああ、そうかい」と言う親はいないと思ったのです。

しかし、ご両親は僕に会うこともなく、カズの言葉だけを信用して出資してくれたのです。ここまで息子を信頼している親子関係ってすごいなって感心してしまいました。

だからと言って、放任主義だとか無関心だというのではないのです。ご両親は、曜日と時間を決めて、毎週、郷里の九州から電話をかけてきてカズと話すのを楽しみにしていたぐらいなんですから。

その電話は時報と同時に掛かってきました。ここにお父さんのキャラクターがよく表れていると思います。カズの几帳面さはお父さん譲りだったのです。

タックスノットを開店して三年くらい経った頃に、カズのご両親が東京に旅行にいらしたのですが、僕はその時に初めてお二人にお目にかかりました。

カズのお父さんはしきりと「ボクが東京で良いお友達と出会えて本当によかった」とおっしゃるので、僕は恐縮してしまいました（お父さんはカズのことをボクと呼んでいたのです）。その「よかった」というお父さんの言葉の裏から、出資してくれた時に、どれだけ心配していたかがよく伝わってきました。店の経営もどうやら軌道に乗せることができた時期だったので、本当に安堵しての言葉がこれだったんだと思います。

お父さんはずっと、「ボクがそうしたいなら」と、カズのやりたいことはできるだけ受け入れて、生きてきたようでした。いろいろお話してみて、人生の中で起こる出来事を良い方へ、良い方へと解釈して生きてきた人なのだ、と強く感じました。

カズのお母さんが亡くなった何年か後に、カズのお父さんがお見合いをして再婚した人が、カズにとっての新しいお母さんですが、その彼女は、五十歳近くまで結婚せずに、一人で生きてきた看護師さんでした。もう子供も持たないのだし、人生の後半を二人で寄り添って生きようと決めた結婚のようです。結婚後も、お母さんは仕事を持ち続けていました。

そんなお母さんだったので、カズが結婚しないことに対しても、「あたしも結婚はしないつもりだったから」と意に介しませんでした。それどころか「仲の良いお友達と暮らせてるなら、何も心配はないですよ」とゆったり構えているぐらいでした。

お二人の関係も、どこか僕たちのパートナーシップにも通じるところがあったような気がします。付き合う相手は選べるけれど、その親は選べません。

カズに、子供の意思や生き方を尊重する親がいてくれたのは幸運でした。

このことにはいくら感謝をしても、し足りない気がします。


こういった幸運に恵まれて、僕たちはようやく十周年を迎えられました。

アニバーサリーには、同じように良い関係を育もうとしている「仲間」がお祝いをしてくれました。

マサキとケイの関係も十六年を越え、タックスノットに集うカップルの精神的支柱の役割も果たすようになっていました。そんな「関係の長さの価値」を知っている人たちに「長さ」を祝福されるのは、本当に嬉しいものでした。

僕たちの関係、ひょっとしたら一生もんかな……。そんな思いも浮かんでくるようになりました。

十周年を友人たちに祝ってもらった一九八八年は、僕たちにとって順風満帆という言葉がぴったりな年でもありました。

カズは前年に、『銀巴里』でソロ・コンサートを開き、とても良い評判をとっていました。自分のレパートリーの中から吟味した曲を並べたプログラムは、彼の柔らかな声と真っ直ぐな歌い方を充分に活かしていて、カズならではの歌の世界が作り出されていました。

もともと、銀巴里に出演している若手の歌手の中でも、一目置かれた存在ではあったのですが、このコンサートは彼の評価をさらに引き上げる結果をもたらしたのです。そして、次のコンサートのアイデアを練りながら、カズはもう一歩前進することに集中していました。

僕の方はと言えば、ニューヨークで出会ったファイバー・アートから抜けだして、様々な材料を使ったカラフルで楽しい雰囲気のオブジェ作りへと方向転換していました。それがうまく働きだし、次々と作品のイメージが湧いてくるようになっていたのが、この頃です。創ることが楽しくて、楽しくて仕方がないという状態でした。

この年には、自分としてはかなり満足のいく個展を二つ開きました。

自分たちの自己実現の夢が現実となっている……僕たちはそれを実感していたのでした。


そんな無敵な気分を味わっていた僕たちの生活に、ちょっとした陰りが出てきたのは、その年の夏を過ぎたあたりからでした。ちょうどソウル・オリンピックが終わった頃です。

カズの体調があまりよくないのです。

その夏に引いた風邪がなかなか治らないのです。微熱がいつまでも続き、なんだか体調がすっきりとしないのです。そのうち、ノドにも腫れたような違和感が現れてくるようになりました。歌手にとってもっとも大事な「楽器」の調子が悪いのはカズには耐えられません。

街のクリニックや大きな病院を次々に訪ねては、診断を受けてみるのですが、抗生物質を処方されるのが落ちで、なかなか完治しないのです。抗生物質を飲めば、微熱は下がるのですが、治ったかなと思うとまた微熱がやってくる。そんな繰り返しなのです。

秋も過ぎ、冬に入ってもすっきりしないのが続いているので、なんだかすごく不安になってきました。

真上の空は晴れ渡っているのに、遠い向こうに怪しげな黒い雲が見える。そんな感じです。お互いにそのことは言わないようにしていたのですが、「ひょっとしたらエイズなのかも知れない……」という思いは、それぞれの頭には浮かんでいました。

当時、エイズは日本のほとんどの人にとって「自分とは無関係な、なんだか得体の知れない死病」でした。恐ろしい噂だけが一人歩きをしていましたが、誰も自分の周りでそんな病気にかかった人など、聞いたことも、見たこともない状態だったのです。人によっては「悪い冗談」や「人心を不安に落としめるためのどこかの国の陰謀」くらいに思っていた頃です。

考えたくもありませんでしたが、ここまで原因がよくわからない症状が続くと、この不安を拭いとるためにも検査を受けるしかありません。

僕たちの事情をよく知っている知り合いの医師に頼んで、カズにＨＩＶの抗体検査を受けてもらいました。

結果は陽性でした。

二人で病院に結果を聞きに行った帰り、さもないレストランで食事をしました。その日は奇しくも僕の四十歳の誕生日だったのです。

カズがＨＩＶに感染している……。何を考えたらいいのかわからない。とにかくリアリティがないのです。味のしない食事。つい無口になってしまう僕。

22 別れのとき

カズはいつもと同じような口調で話していました。

「とんでもない誕生日になっちゃってごめんね。これから先にどういう気持ちになるかはわからないけど、今はね、僕はやりたいことはみんなやってきたし、タックとも会えて、こうやって一緒に暮らせてるんだから、もしこれで死んでも、全然思い残すことはないって感じなの。それだけは言っておくね」

僕は何も言えずに、ただ泣くだけ。僕の方が、気が動転していたんです。

今は、状況が改善されて、「ＨＩＶ感染＝死」なんていう時代じゃありません。薬もあれば、支えてくれる組織もあります。そしてＨＩＶに関する情報も、その意思さえあれば充分に手に入れられる時代なのです。だけど、あの時の日本は、感染を知ったら死を覚悟するしかないような状況だったのです。


知り合いの医師の勧めで、僕もすぐに抗体検査を受けました。

結果は陰性……。正直言って、複雑な気持ちでした。

だけど僕が陰性だからこそ、カズに安心して寄りかかってもらえるのです。

きっと長い闘いになるだろうな。二人で頑張らなくちゃ……。

僕は覚悟を決めました。

知り合いの医師から、都立駒込病院を紹介されました。

当時、エイズに関する正確な情報が広まっておらず、大きな医療機関でさえもHIV感染者を受け付けていないという状況でした。その中で、この病院の感染症科は早くからエイズ治療に取り組んでいるという話でした。

担当の先生はエイズに関して、こんな風に説明をしてくれました。

現在、エイズに関しては治療法が確立していない。このウィルスに対しては薬もない状態だ……と。当時はAZTという、ウィルスに対して有効な最初の薬が、まだ日本には入ってきていなかったのです。

ということは、免疫力の低下によって起こる様々な病気に対しての対処療法はできるが、それ以外は特別なことは何もできないという意味です。体力をつけて、免疫力を下げないようにするしか道はないということでした。

また、エイズに関するネガティブで無責任な噂が日本中に溢れている状態なので、信頼できて、力になってくれる人以外には一切口外しないように、とアドバイスを受けました。

前年に写真週刊誌に「これがエイズ患者だ！」と女性の顔のアップがデカデカと載っていたことが頭をよぎります。人間は恐怖に駆られると何をするかわかりません。パニックを起こした社会では人権もプライバシーもなくなってしまうのです。胃のあたりが縮まっていく感じがしました。

先生のアドバイスに従って、まず僕の叔母と二人の親友に全てを話し、僕たちの闘いを気持ちの上で支えてほしいと頼みました。

みんな、驚きながらも、支えると約束してくれました。

一番の問題は九州に住むカズのご両親です。特に、妻を自殺で亡くした経験のあるお父さんは、今度は一人息子のこんな現実を受け止めなければならないわけです。その心中を察すると、胸が痛くなるほどです。

しかし、電話で全てを話し、長い闘いになるけれど支えて欲しいと頼むと、お父さんは、ショックを受けながらも、できるだけのことはすると言ってくれました。そして、ただの一言も「どうして?」とか「なんでそんなことに」とかは言いませんでした。この部分だけをとっても、本当に手を合わせて拝みたくなるような親御さんだと思いました。

ご両親はすぐにも郷里に帰ってきて欲しい様子でしたが、カズが、僕と離れたくないと、頑として譲らないので、東京の方が治療の点から考えても望ましいからという形で納得してもらいました。


店は僕が一人でやることにしました。

お客さんには、カズは体調が悪いので、しばらく休むということにしておきました。説明したことをすり合わせるとツジツマは合わないのですが、細かいことは言っていられません。できるだけ明るく振る舞って、疑念を呼ばないようにしなければならないのです。

新宿二丁目でエイズ患者が出た!なんて、週刊誌ネタとしてはこれほど食いつきやすいものはないでしょう。写真週刊誌のあの頁が頭にちらつきます。

もともと社交的でなかったカズは、誰とも会いたがらなくなりました。痩せてきていたので、会う人ごとに「どうしたの?」と聞かれることにうんざりしていたのです。それに、ウソをつくのも下手なので、そういった状況になることも恐れていました。

あまり外出もしなくなってしまいました。誰かに偶然出会ったりするのが嫌だからです。歌の仕事もしばらく休むことにしました。

カズの几帳面な性格は、体調が本調子でないことに神経質に反応し、そのことばかりを考えるようなネガティブな方向へと働いてしまうようでした。

エイズに関してはわかっていることが少なく、何をしたらいいのか、何をしてはいけないのかさえわかりません。

マクロバイオティックがいいと聞けば、食事を玄米中心の自然食に切り替えたり、サルノコシカケが免疫力を上げると聞けば、漢方医に事情を話して処方してもらったりと、藁をも掴む思いで、片っ端から試してみました。

効果のほどがわからなくても、やらなくてはいられないのです。

二人で、先の見えない暗闇の中を、手探りで進んでいるようでした。


状態は好転するかと見えて、また後戻りを繰り返します。

微熱が続き、夜になると少し楽になり、それが深夜には悪寒がしてまた熱が出るといった具合です。感染がわかる前にいろいろな病院で処方された抗生物質を長い間飲んでいたのが災いしたのか、免疫力が落ちたままの状態になっていたのかもしれません。

四月に入って桜が満開になる頃、体調が急変しました。ベッドからトイレに行くだけでも息切れがするようになったのです。

病院に連絡をすると、即入院ということになりました。

肺炎を起こしているとのこと。完全隔離の病室に入れられました。

二面がガラスで囲まれた完全防護の狭い部屋に入室するには、帽子、マスクを着け、風圧でホコリを落とした後でガウンをまとわなければなりません。見舞いする人が持ち込むかもしれない「ありきたりの菌」がカズを危険にさらすかもしれないので、という説明でした。

頭では理解できても、そんな部屋に入れられたという心理的圧迫感は「とうとう追いつめられた」という思いを抱かせます。

面会は一週間に一度と制限されました。それもカズのためだと思えば我慢をしなくてはいけません。できるだけ彼に危険なものを近づけないようにするしかないのです。

九州からご両親も飛んできましたが、郷里で周りの人たちにカズの病名を伏せている都合上、急いで帰らなければなりません。もし状況が深刻だと知られてしまうと、「そんな状態なのになぜ呼び戻さないのだ」と親戚の人たちに非難されるからです。お二人も秘密を守る苦労を続けていたのです。

たった三時間ほどの親子水入らずの時間が持てただけで、ご両親は僕に何度も何度も頭を下げて、帰っていきました。

次の面会の時、プラスチックの容器にカズの好物のフルーツを細かく切ったものを入れて、持っていきました。

カズは、酸素吸入をしているので呼吸は苦しそうではありませんでしたが、一口を食べるのがやっとのようでした。

帰り際に、ガラスの窓越しに手を振ると、カズが何かを言っているようです。ガラス越しなので声が聞こえません。

カズの口が尖っています。そして尋ねるような目つき。

「る?」って聞いているのです。

僕も口を尖らせながら、頷きます。「る!」

結局、これがカズとの最後の別れになりました。

長い闘いになるだろうと予想し、覚悟もしていたのに、カズは感染がわかってからたった三ヶ月で逝ってしまいました。

ものごとに執着しない性格は、生きることへの執着も無くさせてしまったのでしょうか。あまりにもあっけない最期でした。生き方にその人らしさが現れるように、逝き方にも、その人らしさがあるのかもしれない……。そんなことが頭に浮かびました。

カズが意識不明になったという連絡が入ってから、九州での葬儀を終えるまでの三日ほどのことは、断片的な記憶しか残っていません。

ご両親の到着は最期に間に合わなかったこと。

あちこちの知人友人に、カズが肝臓の病気を悪化させ郷里の病院で亡くなった、というウソの電話を掛け続けなければならなかったこと。

九州で亡くなったことにしたので、東京で荼毘に付す時は事情を知っている七人しか立ち会えなかったこと。

新幹線の中で、カズのお骨を抱えたお父さんが小さく見えたこと。

郷里での葬儀で、お父さんが僕を家族として隣りに座らせてくれたこと。

それを僕がどれだけありがたいと思ったか、ということ。

葬儀が終わって東京に戻り、アパートに帰ってきて、僕はカズが亡くなってから初めて一人になりました。

誰も周りにいない、本当に一人です。

一人になってしまった……。

僕は大声を上げて泣きました。全てのものを恨み、呪い、ありとあらゆる悪態をつきまくりながら叫びました。

泣くことにも疲れ、ただ呆然として部屋を見渡すと、そこには制作途中の作品が広げられたままになっています。

三週間後に始まる、六本木のアクシスという大きなスペースでの合同展に出品するための作品です。できあがれば幅6メートルになる、僕にとって今までで一番大きな作品になるものです。

僕はその作品制作を始めました。

五月の合同展に続き、七月には個展が決まっていたのです。とにかく作品を作り続けなければならないのです。

手を動かし始めると、いつしか気持ちが落ち着いてきます。

僕は、店をしばらく休んで、制作に没頭することにしました。

23 一人で過ごす時間

「言葉にしにくい何かがあれば、僕たちは大丈夫だよ」とカズは言いました。

その「言葉にしにくい何か」は僕たちの間に確実にあったのに、カズは逝ってしまいました。

何か大きな力。その前では人間はただ無力なだけ。ここでは「運命」とでも呼んでおきましょうか。その運命に、僕が一生一緒に歩んでいこうと思っていた人を奪われてしまった、という気持ちでした。

その運命はカズだけでなく、僕が長いことずっと望んでいた夢も一緒に奪っていきました。「二人はいつまでも幸せに暮らしました」というおとぎ話から生まれ、グリニッチ・ヴィレッジで見つけた、「生活感に裏打ちされた幸せな人生のイメージ」。そこに集約されていった、あの夢です。

カズが亡くなった直後、僕は運命を前にして、為す術もなく、ただ崩れ落ちて、悲嘆にくれるだけでした。だけど山火事の焼け跡にもいつか新しい芽吹きがあるように、僕の人生もこれで終わったわけではありません。

九州での葬儀から帰ってきた僕は、店を二ヶ月ほど休むことにしました。直後に控えていた大きな合同展と個展に向けて作品制作をするためです。

実際に、その準備には時間が必要でしたが、本音としては、とにかく店に出たくなかったのです。長い間、カズの病気は深刻な状況でないと説明していたので、お客さんにとってカズの死は寝耳に水でした。僕が店に出れば、その経緯を話さなければならないのです。それも表向きの経緯を。

カズの死を受け止めることさえままならない僕には荷が重すぎます。

だけど、何人かの友人たちが交代で店に入って、営業をし続けてくれると申し出てくれました。僕の力になるために相談してくれたようです。

僕は彼らの厚意に甘えることにしました。

これなら、僕が休んでいる間に、お客さんは「表向きの経緯」を知っておいてもらえますし、僕が誰とも会いたがっていないことも話してもらえば、僕に直接コンタクトを取ろうとする人も思いとどまってくれそうです。

僕が無くしたものの大きさをちゃんと理解してくれて、支えてくれようとする友人に囲まれているというのは、なんとありがたいことでしょうか。それが身に沁みてわかりました。


カズの死から二ヶ月ほど経って、僕は店に復帰しました。

季節はもう夏になっていました。

お客さんたちは、腫れ物を触るような感じでもなく、かといって無神経な態度でもなく、僕に接してくれました。

そういう心遣いに接するにつけ、一年くらい後には、詳しいいきさつを話して、状況を理解してもらおうと思いました。こんな形でウソをつき続けていると、お客さんと僕の間に壁を作っている感じがしてしまうのです。

本音で話せる場でありたいと思って、やってきた店なのに、仕方がなかったとは言え、僕自身が心に壁を作っているのです。これは淋しいことでした。


本音……。

店が終わって、部屋に帰ってきても、本音を話せるカズがいません。

毎日、食後にその日にあったことを心ゆくまで本音で話せた僕たち。ストレスを吹き飛ばせる楽しい時間がもう持てないのです。

必死に頑張った作品制作も終わってしまえば、妙に広く感じられる部屋。

部屋の中の全てのものがカズのエピソードを勝手に語り出します。粉々に打ち砕いてしまいたくなる衝動。そして泣く。ただ、ただ泣く。

そんな繰り返し……。

部屋にカズと話をするコーナーを作りました。

カズが亡くなる前から、タンスの上には、三年ほど前にガンで亡くなった育ての母と自殺した産みの母の写真をそれぞれに楕円形のペンダントに入れて飾っていたのですが、そこにカズの写真も加えました。そして、毎日その前で手を合わせてカズにいろんなことを話すようにしました。

小さなスタンドに掛けられた三つのペンダントはちょっとした振動にも揺れます。話している最中に、何かの拍子でカズのペンダントが揺れると、彼が反応してくれたような気になれて、ほんの少しだけ心が緩むのです。

ここは僕だけの祭壇のようなもの。このコーナーを通して、僕は亡くなったカズと今でも繋がっている感じを掴んでいきました。

親友のマサキも献身的に僕を助けてくれました。彼にはカズのＨＩＶ感染がわかった時から事情を話して支えてもらいました。僕の傍で一部始終を見てくれていて、僕の苦しさや孤独感を誰よりも理解してくれた人です。

そんな彼に会うのも、辛いことでした。

マサキとケイは、その仲睦まじいことが、長いパートナーシップを求める人たちの間では象徴的な意味さえ持っているほどの二人です。彼に会うと、「一人になってしまった」状況を僕に痛いほど思い起こさせるのです。

その意味では、タックスノットも辛い場所とも言えました。

タックスノットは長い付き合いを応援する場でありたいと、そのための雰囲気を作ってきた場所です。二人であることを讃えてきた場所なわけです。

その雰囲気は、そのまま僕自身にも突き刺さってきました。自分が作ってきた場所が、自分自身に居づらい思いをさせるなんて、なんという皮肉でしょう。

関係は長いほど良いのだと言い続けてきた僕。そんな僕にいろんな思いが問いかけてきます。

関係は終わってしまえば、「一巻の終わり」なのか。そこで培ってきたものは、関係が終わってしまえば、単なる思い出になってしまうのか。

僕は、自分が頑張って積み上げてきたものから疎外されてしまいそうでした。


一人で過ごす時間は長いものです。考える時間はいくらでもありました。

僕は散歩が好きで、あちらこちらと散歩しながら、あれこれと考えるのを趣味にしていました。カズが亡くなってからは、よく一人で出かけたものです。

何度もやったのが、私鉄の路線を選んで、終点一つ前の駅で降りて終点駅を目指して歩くというものです。僕は方向オンチなので、すぐに迷子になってしまいます。でも、迷子になっても、せいぜい町中なのでなんとかなります。知らない町の知らない路地に入り込んでドキドキするのが好きなのです。自分だけの小さな旅と言ってもいいでしょう。

そんな散歩の途中、さまざまなものを見る度にカズのことを思い出します。

気がつくと、そこら中「カズならわかってくれそうな面白さ」で溢れているのです。そういうものに出会うと、条件反射的に「カズに言わなくちゃ」と思ってしまう。もう彼はいないのに……。

そういった「面白さ」はさもないものなので、他の人に説明するのは難しいのです。毎日、毎日、話を重ね合ってきた人でないとわかってもらえない面白さです。それを解説したとたんに、吹き飛んでしまう粉雪みたいなもの。

部屋の外にも、カズと共有していたものがこんなに溢れているなんて、自分でも驚きました。一つ一つは粉雪みたいなものでも、それがいたるところに降り積もっているという感じです。

カズがいてくれて、それを話せているうちは意識しなかった様々なものが見えてきました。悲しいのは、気付いた時にはそれがなくなっていること。

こんな粉雪のようなことがらを、辺りに降り積もるほどたくさん共有できる長い関係をもう一度手に入れたい。

もし、また誰か一緒に長い関係を作っていける人と出会ったら、僕は振り出しに戻って一からやり直したい。そういう気持ちがフツフツと湧いてきました。

散歩の度に、知らない町角で方向を見失いながら、自分のこれから先の人生の方向だけはしっかりと見定めたのでした。

第三講

覚悟、決意、考える

24

「母と子」のような関係

彼の名前はヤスオ。カズが亡くなって半年後に付き合い始めた人です。

年は二十二歳。僕の年齢のほぼ半分。

常連客に連れられてタックスノットにやってきた彼は、背が高く、がっちりした体つきの好青年でした。オシャレにはかなりこだわりがあるのが見て取れます。目がほんの少し斜視なのがセクシーな感じです。

「へ〜、きれいな顔をした子だな……」これが第一印象でした。

次に一人でやってきた時に僕は思い切って家に誘いました。彼は少し緊張した様子でやってきて、そして泊まっていってくれました。

彼は、東京から特急で二時間ほどかかる街に住み、高校を卒業して以来、父親の仕事である内装業の手伝いをしているという話でした。ただ、その生活には飽き足らないものを感じていたようです。話のニュアンスから、そこから抜け出したいという雰囲気が伝わってきました。

彼はアートに関心が高く、僕の作品も気に入ってくれて、自分もいつか作品を作るような生活をしたいと、目を輝かせながら話しました。

僕は、カズとのこと、長く付き合うことの重要さ、生活を共にしてくれる人を探していることなどを、熱を込めて語りました。

彼の反応がとても良かったので、長い関係を前提に付き合ってほしいと言ってみると、彼はすんなりと受け入れてくれました。

こんな形で僕たちの付き合いはスタートしました。

また一緒にやって行くと言ってくれる人と会えたことには、飛び上がりたいほどの嬉しさがありました。先のことはわからないけど、これで関係作りのスタートラインに立てるのです。一緒にスタート地点に立ってくれる人と出会えるなんて、そうそうはありません。それを痛いほど知っている僕としては、このチャンスを逃すわけにはいきませんでした。

二週間後の週末に、ヤスオはまた泊まりにやってきました。

なんとも楽しい週末になりました。

長い散歩にも楽しそうに付き合ってくれましたし、好きな美術の話もたくさんできました。それぞれの家族の話や、セックス初体験の話、好きなもの、嫌いなもの。付き合い始めは、ホントに話が尽きません。

近しい友人には紹介もしました。みんな、一人になった僕を心配してくれていたので、この新しい出発を祝福してくれました。

ヤスオは、カズと違い実に社交的で、みんなの受けも格別によかったのです。

僕は高揚してきました。この半年ほどの辛い日々の終わりがいよいよ来たという気分です。良いスタートが切れそうです。

しかし、ヤスオは週が明けても帰ろうとはしませんでした。一緒にいるのは楽しいからいいのですが、欠勤したり、家に連絡を取らないのは感心しません。

「居てもらうのは嬉しいけど、お家には連絡を入れた方がいいんじゃない？」とやんわり言うと、もう家には帰らないつもりだと言うのです。え？

話の様子では覚悟の家出という感じです。東京でバイトを見つけ、ちゃんと落ち着いた頃に改めて連絡するということでした。

それ以上は突き詰めませんでした。僕自身も家を出たいと思った経験があるからです。それに、ちゃんと独り立ちできたら、後で関係を修復するなんて、いくらでもできると思ったのです。

本来なら、もっと話を重ねて、双方が納得いく形で同居を始めるべきだったと思います。だけど、「いつか一緒に暮らせるといいね」と言った僕の言葉に、ヤスオは思い切り良く飛び込んできたのです。僕も引くわけにはいきません。受けて立とうじゃないの。そんな風に思いました。

こうやって、僕たちは一緒に暮らし始めることになりました。


ヤスオは二十二歳。大きな体つきや背伸びした話しぶりからは、「しっかり大人」という感じがしましたが、一緒に暮らしてみると、実は甘えっ子の部分がたくさん残っていました。

だいたい、着の身着のままで出てきて、実は覚悟の家出というのもないんじゃないかと思いましたが、あまり突っ込むこともできませんでした。

「カズの社交性のなさも受け入れた自分」という自負が、相手のマイナス部分は自分がカバーすればいいのだという、ちょっと思い上がった考えを、僕に持たせてしまっていたのかもしれません。

というより、二十歳も年下の人間との付き合い方がわからなかったのです。それなのに、状況が勝手に走り出してしまったという方が正解なんでしょう。

カズとは平等が基本でした。だけどこんなに年下で、経済的自立ができていない彼と、どういう形で平等な関係を作ればいいのか見当がつかなかったのです。その意味では、僕自身が年齢差に強く縛られていたのだと思います。

ただただ「受容的であろう」とするしか、方法が思いつきませんでした。

こんなことがありました。

着替え一つ持たない彼に、当座の衣料品が必要だろうと思って、「ひとまず三ヶ月くらい暮らせるような用意をするように」と十万円を渡しました。これだけあれば、下着から着替えのシャツやズボンくらいは買えるはずです。

嬉しそうに出かけて行って、帰ってきた彼は、一枚数万円もするコムデギャルソンのシャツを見せてくれました。それしか買ってこなかったのです。

「だって、せっかく買うなら良いものじゃなくちゃね」

それがヤスオの答えでした。僕は、これから先のことを思って、目眩のするような感覚を覚えました。

一事が万事……。

ヤスオは気持ちも優しいし、僕を喜ばせようとご飯を作ってくれたり、店の伝票整理を手伝ってくれたり、一生懸命誠意を見せてくれました。でも、生活者という観点からはあまりに幼くて、側で見ているとハラハラしてしまうようなところがありました。

勢い、こちらは先回りして細々と小言をいうことになります。ヤスオはヤスオで「良い子」でいようと頑張りながらも、結局は僕に甘えきっています。

「ね、そろそろバイトとか探した方がいいんじゃないの?」

「ね、実はお金とかに困ってるんじゃないの?」

なんだかいつの間にか、僕たちの関係はパートナーシップというよりは、母と子のような関係にずれ込んでしまいました。

ある日、こんなことがありました。

昼下がりに二人は部屋でのんびりしていました。ヤスオは絨毯の上でうつ伏せになって雑誌を見ています。足を膝から曲げて交互にブラブラさせながら楽しそうです。半ズボンの子供のイメージが重なります。

ヤスオは面白い記事を見つけたのか、僕に向かって嬉しそうに叫びました。

「ねぇねぇ、お母さん、これ見てみて！」

ヤスオは言った途端に間違いに気がつき、照れて大笑いをしました。僕も一緒に笑いました。

でも、笑いながらも不安な気持ちもよぎったのでした。

あの時のヤスオは、完全にリラックス状態だったので、無意識が外へと滲み出したのだと思うのです。

「やっぱり、お家に連絡とるべきじゃない？」

「バイト無断で休んだりしない方がいいんじゃない？」

「もう少し部屋の片付けをしてくれない？」

ついこんな小言を言ってしまう自分と、無意識に僕を「お母さん」と呼んでしまうヤスオ。これって、僕が望んでいる関係とは違う気がする。でも、どう修正していったらいいのかはわからないままです。

どこかでボタンを掛け違えてしまったようです。

これはセックスの影響もあったのかもしれません。

僕とヤスオのセックスは相性が悪かったのです（またか……）。

ヤスオのセックス・ファンタジーに乗れなくて、一ヶ月もしないうちに僕の方にその気が失せてしまったのです。昼間はお母さん役、夜はエロい男なんて、器用に切り替えられません。

そのことは、ヤスオにはすごく不満だったはずですが、経済的なことに引け目を感じていた彼は、「セックスがなくなってから、いよいよパートナーシップが始まる」という僕の主張を無理矢理飲み込んでいたんでしょう。

やりたい盛りの彼には酷なことだったと思います。

セックスがなくて、平等じゃなくて、受容的であろうとしながら小言ばかりを言う人間と、良い子でいようとしながら結局は甘えきっている人間が、せめて良い関係を求めるとしたら……。「母と子」という関係以外に、どんな納まり場所があったでしょう。

双方で、違和感を持ちながら関係は続いていきました。それは一種の膠着状態だったのです。


半年ほど経った頃、変化のチャンスがやってきました。

ある日ヤスオはこんな風に切り出したのです。

「つい最近、バイトからの帰り道、電車で高校のバスケ部の先輩にパッタリ出会って、久しぶりにお茶したんだ。その先輩、東京で働いててさ……」

その先輩に、家出したこと、親に連絡をとってないこと、などを話したところ、一緒に暮らそうと誘ってくれたというのです。

先輩の親とヤスオの親は親しいので、先輩と一緒に暮らせば、先輩の親を通してヤスオの消息が入るから、ヤスオの親も安心するだろうという話でした。ヤスオはまだ実家に連絡をとっていなかったのです。

僕も、親御さんのことが気がかりだったものですから、納得しました。

ただ、離れて暮らすことで自分たちの関係がどうなるかは心配でした。「一緒に暮らす」ことは、関係作りにおいてとても重要だったからです。

だけど今回は、この膠着状態に変化をもたらす可能性に賭けてみようという気になりました。

25 なんとか関係を続けてみる

ヤスオは引っ越していきました。

それからは、毎週火曜日にヤスオが泊まりに来て、水曜日一日を一緒に過ごすスケジュールになりました。最初のうちは、そんなやり方で付き合いが成り立つのかと心配だったのですが、二人の関係は思ったより良い方向に動き出しました。

まず僕の方が「母親」という感覚から自由になれたのです。ヤスオも先輩との共同生活の中で「自立」という感覚を掴んでくれたようでした。

それに、週に二日なら、一緒にいるのは「イベント」にできます。ただ家に泊まりにくるだけでも「非日常」になるし「デート」にすることもできます。

僕たちは毎週のように、都内のあちこちを散歩して回りました。タックスノットに集うカップル中心の旅行にも参加しました。

ヤスオは僕の作品制作も手伝ってくれました。こういう手作業をしていると、実に楽しそうなのです。

僕たちのありようは、傍目にも、とても良い感じに映っていたと思います。

こんな付き合い方で僕たちは二年ほどを過ごしました。

大きな衝突も危機もなく、やってこられたのです。正直言って快適でした。

それは、当たり前だったかもしれません。週に二日だけなら、良いところだけを相手に見せていくのも、難しいことではないからです。僕も小言を言わずに済みますし、ヤスオも「良い子」でいられたのです。

ところが、彼が引っ越ししてからちょうど二年経ったところで、ヤスオは僕のところに戻ってきたいと言い出しました。やっぱりノンケの先輩との生活は我慢ができないと言うのです。え？

僕は戸惑いました。この二年の間に、アパートも一人で住みやすいように模様替えもしてしまいました。ヤスオはどうも自分の都合で物事を決めすぎる。そんな風に思いながら、

「ね、ちょっと突然すぎるんじゃない？」とやんわり言うと、

「タックは、いつかはまた一緒に暮らせるようになろうって言ってたじゃない！」といつになく強固な言い方です。

ま、確かに、そうも言っていたし、このまま週末婚のようなやり方を続けているより、そろそろ、ちゃんと生活の中で何かを積み重ねていく関係作りをしなければならない時期なのかも知れません。僕は承諾しました。

こうしてまた二人一緒の生活が始まりました。

一緒に暮らしてみれば、何も変わっていないことがすぐわかりました。二人の関係は見事に二年前に逆戻りです。ヤスオは、やっぱり生活者としてはまだまだ未熟な甘えん坊さんで、僕は相変わらず、口やかましいお節介母さん。二年間、お互いに見ないで済ませていた部分ばかりが目についてしまいます。

郵送されてきた消費者金融の督促状を見つけてしまう現実が、僕をますます緊張させ、問いただすような口調にします。大丈夫だからと言い張るヤスオ。

それでもなんとか毎日が過ぎていきました。

ヤスオが戻ってきて半年、クリスマスが近づいた頃、ヤスオはもの思いにふけるようになりました。こういうのは、いつも何かのアピールです。

「どうしたの。最近ふさいでるけど。金銭的な問題？」

「ううん。そんなんじゃないよ。お金のことは大丈夫だから心配しないで」

「じゃ何、好きな人でもできちゃったの？」

静かに頷くヤスオ。

とうとう来たか。僕の心はそんな風に反応しました。最近になって入ったスポーツのサークルで出会った人を好きになってしまったようです。

「その人と付き合いたいの？」と聞くと、僕とは別れたくないと思っている、だけど、その人を好きな気持ちも抑えられないというのが答えでした。

う〜ん、これで終わりかなぁ……。

思い切ってここで別れるべきか。それとも踏ん張りどころなのか。

どちらに進んでも正しいような気がします。


ギクシャクしたことは何度もあったけど、二人でなんとか関係を続けてきました。パートナーシップと言うのにはほど遠い関係ですけど、頑張ってもきた関係です。これから先に、もっと良い関係を育てていけるかもしれません。

好きな人ができたと言ったって、それがいつまで続くかはわからない。自分だってカズがいながら人を好きになって、しばらくしたら「なんであんなに夢中だったんだろう」と思ったことだってあったじゃないか……。

セックスを他の人とやってもいいという実験を越えて、良い関係を構築できた経験だってあるんだ。別れるのは、いつでもできる。もう少し長い目で見てみよう。ありとあらゆる思いを集めて、続ける方向を考えてみました。

「わかった。今は恋をしている状態だから、やめろって言っても無理なんだよね。それじゃ、その彼としばらく付き合ってごらんよ。二〜三ヶ月経っても僕のことよりその人のことが好きだったら、僕はヤスオを諦めるから。でも、その時までは待ってみる」

ヤスオは「ありがとう」と言いました。

結局、僕はいつまでもお母さん役から自由にはなれないみたいです。

だけど事態は思いもかけない展開を見せました。

あれはクリスマスイブのこと。僕は風邪をこじらせて寝ていました。

ヤスオはなんだか落ち着きません。僕はまたお母さんのような気分になってしまい、つい、こんなことを言ってしまいました。

「ヤスオ、今日はイブだし、彼に会いに行きたいんでしょ。僕はただ寝てるだけなんだから、行ってきていいよ」

ヤスオは「ホントにいいの?」と言うと、嬉しさを隠そうともしないで、急いで出て行きました。本当に子供のままなんだよな……。

なんだか惨めなクリスマスイブ。

一体、僕は何をやっているんだろう。布団の中で天井を見上げていました。

と、電話が鳴りました。

「佐藤ですが、大塚さんですか？」

佐藤というのは、確かヤスオが一緒に暮らしていた先輩の名前です。

「はい。大塚ですが」

「大塚さんは、ヤスオ君が新しい男の人と生活をしたいと思っているのになぜお金を貸してあげないんですか！」と突然切り口上で始めました。

僕は意味がわからず、聞き返します。

「あのぉ、何をおっしゃっているのかわからないんですが……」

そこから先の彼の説明は、僕の愚かさを箇条書きにして目の前に突き付けられているような内容でした。思いもかけない内容で、にわかにはとても理解できない話です。

かいつまんで説明すると――

佐藤さんは、ヤスオのバスケ部のノンケの先輩ではなく、ヤスオと電車の中でハッテンして知り合ったゲイで、それをきっかけに付き合うようになって、二年間一緒に暮らしていた仲なのだそうです。

二年間はうまくいっていたのだけど、ケンカをしたら一方的に出ていってしまった。自分としてはなんとかよりを戻したいと思って連絡を取っていたが、取り合ってくれない。それなのに最近、急に訪ねてきたと思ったら金を貸して欲しいと言う。理由を聞いたら、好きな人ができて、その人と一緒に暮らすための資金が欲しいのだと言う。貸す金がないので、大塚さんに頼めばいいじゃないかと言ったら、大塚さんは貸してくれないという話。毎週のように、タダで自分の作品制作の手伝いをさせておいて、困っている時に金も貸さないなんて、なんてひどい人間だと憤って電話を掛けてきた、ということでした。

自分の知らない間に、自分が勝手に登場人物にさせられている芝居の話でも聞いているような気がしました。僕はおずおずと聞きました。

「あの〜、ヤスオは僕のことはどんな風に説明していたんでしょうか？」

「ちょっと付き合ってみたけど、ダメですぐに別れたって言ってました。でもパートナーシップの専門家という立場もあるので、別れたことは対外的には秘密にしておいてと頼まれているとも言ってました。ただ、作品制作の手伝いもしているので毎週泊まり込みにいかなければならないのだという説明だったんです。大塚さんは僕たちの関係もちゃんと承知しているという話だったので、ずいぶん都合のいいように扱われているなって思ってました」

彼の説明を聞きながら、僕はどこかで何かが崩れる音を聞いたような気がしました。


どうやって電話を切ったのかは、もう覚えていません。呆然とするばかりで、何の感情も上がってこない……。

ただ最後の糸が切れたという感覚だけがありました。


翌日帰ってきたヤスオに、佐藤さんから電話をもらったこと、佐藤さんとの関係を聞いてしまったこと、その事実はヤスオへの信頼を完全に崩してしまったこと、信頼が無くなってしまった以上、続けていく意思はなくなったこと、などを話しました。

そして、ひと月以内に、ここを出て行ってほしいと伝えました。

ヤスオはただ「ごめんなさい」と言って、泣くばかりでした。

僕はその涙を見ながら、すでに何の感情も動かないことに、我ながら驚いていました。

26

『出会い』の世界の「傾向と対策」

新しい年が明け、ヤスオはカレシの元へと出ていき、僕はまた一人の生活に戻りました。

今度は涙も出ませんでしたが、打ちのめされた気分でした。

自分の何が悪かったのか。ヤスオはどうして僕に対してこんな仕打ちができたのか。こんな仕打ちをしていいのだと思えるほど、彼を追いつめていたのか。なぜヤスオの行動や言葉に、何一つ疑いを持たなかったのか。

考えれば考えるほど、訳がわからなくなるだけです。「もし、こうしていれば」と考えても、想像の域を出ないので、キリがありません。今度は理由を考え始めると、自分を責めたり、ヤスオを恨んだりして、消耗するだけです。

考え地獄に陥ってしまっていました。

それでも、ひと月堂々巡りをしていたら、自虐的に考えることにも疲れ、次の時に、具体的に使えることを考えた方が得だという気になりました。

きっかけは、カズの写真が入った揺れるペンダントを見ているうちに、カズならどんな風に言ってくれるかなと思ったことです。

「クヨクヨ考えてもしょうがないの。あの子みたいにマメにウソがつける子なんて、そうはいないから、対策考えても意味ないと思うよ。次に行くの。次！」

そう、カズならきっとこんなことを言ってくれたでしょう。

そこで、こんなことを考えました。

「次に付き合う人には、自立をしている人を選ぶ」

その自立には精神的なものも経済的なものも含む。少なくとも、僕が望む関係は自立をしている人同士の間でなければ成立しないのだから。

「できる限り相手のありようを受け入れる」

これは基本。今回失敗したからといって、それを否定しない。ただし、こちらの希望を伝える努力を忘れない。

「信頼を大切にする」

信頼を無くしたら、関係は終わるのだから、何がお互いの信頼を傷つけるかを、認識し合う。

「信じる気持ちを大切にする」

ヤスオは特殊な例なのだから一般化しない。ただし、相手の言動に対しては細やかな注意を払う。見たくないものでも見ていく勇気を持つ。

「セックスを甘く見ない」

これに関しては、ひとまずペンディングとする。セックスは僕の不得意科目だからな……。セックスが一次試験のような人は避けよう。総合得点で僕を選んでくれるような人でないと可能性は低いだろうから。

ま、こんな感じです。

カズならどう言うだろうか……。この発想に何度助けられたことでしょう。

カズとの生活では、いろんな場面で励まされたり、元気づけられたり、辛口のことを言われてきました。

その言葉は心の中にしっかりと根付き、カズが亡くなった後でも、僕に話しかけ、アドバイスをくれたりするのです。

それは、思い出すという感覚ではなく、一緒に生きながら、現在の状況に反応して、話しかけてくれるといった感覚です。

カズは、僕が持っていない、「直観的なものごとの把握の仕方」や「情緒に流されない、現実的な対処法」で助けてくれたわけですが、一つのチームのように人生を歩んできたことで、彼の「ものの考え方」が、僕の中で血肉化されていたんだと思います。

良い関係を育んでおけば、相手が亡くなった後も、その関係は消えないのかもしれません。カズは亡くなった後も、いつも僕を肯定し続けてくれています。

ヤスオのことでも、「タックは騙された方なんだから、いいんだよ。そこがタックのいいところなの！」と言ってくれるんです。

自分を肯定してくれる人と人生を共有した経験は、なによりの宝です。その人がいなくても、自分を肯定するのを助けてくれるんです。

それは本当に心強いことです。

年末から年明けに至るまでの、打ちのめされていた時期には、もうカズのような人とは二度と会えない、という気持ちになっていました。

これって、カズは自分の人生における「運命の人」だったという発想です。

でも、元気が戻ってくると、それとは違った思いが浮かんできました。

カズを運命の人だと思うのはロマンティックではありますが、そう思った途端に、二人の関係さえも単に運命のなせる技ということになってしまいます。

カズとの関係は、確かに幸運に助けられましたが、自分たちで考え、工夫し、コミュニケーションをとる努力をしたからこそ持てたものです。運命なんて言葉を使うのは、僕たちの努力やチームワークを否定するのと同じことです。

いつかまた、他の誰かと、カズとの間のような素晴らしい関係を持てる時がくるはずです。そうなって初めて、あの時のカズとの関係も二人で頑張ったお陰なのだと言えるのです。そのためにも、なんとしても次の素晴らしい関係を実現させなくてはなりません。

今回は失敗したけど、この程度のことで挫けてたまるもんですか!


陽気が暖かくなるにつれ、すっかり元気を取り戻した僕は、いつまでもくすぶっている場合じゃない!という気分になってきました。

僕はもっと積極的に動かなくちゃダメなのです。


しかし、次に行きたくても相手が必要です。まずは相手を見つけなければならないのです。そう、僕は振り出しに戻っているのでした。

「その人」との出会いが欲しくて、結局、次々に短い「出会いと別れ」を繰り返していたあの頃。あの振り出しで頑張らなければならないのです。

あの頃の僕は二十代の後半。まだまだ番茶も出花の頃、チャンスにも恵まれていました。でもこの時の僕はすでに四十三歳になっていたのです。

「出会い」の世界は、競争社会です。出会いを求める人たちは潜在的には自分のターゲットでもあるのですが、ライバルでもあるのです。同性同士の組み合わせでは「ターゲット」も「ライバル」も同じなので、気が抜けません。自分がいいなと思っているターゲット同士が、目の前でできあがっていくのを見せつけられる世界でもあるのです。この競争に、この歳で打って出るのは、思っただけでもユーウツになります。

基本的に、この競争に参入してくる人たちは、恋愛を求めています。ゲイの世界に「結婚」はないので、ほとんどの人が「恋愛至上主義者」なのです。いくら僕が長い付き合いを求めていても、恋愛対象として見てもらわなくては話が始まらないのです。

長い関係作りに関しては、それなりに経験があると自負もあり、いろいろと対策もとれるのですが、「恋愛対象として魅力的な自分を演出」なんてことに関してはお手上げな自分がいます。

それまでの僕は、常に相手からのアプローチがあって動き出すというタイプでした。インランちゃんもカズもそうでしたし、ヤスオの時でさえ僕への強い関心をキャッチしたから誘えたのでした。

「出会い」においては、人は二つのタイプに分けられます。それを「狩人」に例えれば、「鉄砲で狩るタイプ」と「罠を仕掛けるタイプ」です。その例えで言ったら、僕は「罠を仕掛けるタイプ」です。要するに、相手のアクションがない限り、いつまでも待ち続けるしかないのです。

しかし、この年齢で、自己演出に自信がない人間が、待ち続けていて勝ち目はあるのでしょうか。ゲイの世界に「ツヴァイ」も「キューピッド」もありません。お見合い写真を持ってきてくれる「世話好きの親戚のおばさん」だっていないのです。待っていて、何年もチャンスが来なかったら、もっと歳を取ってしまいます。そんなことを考えたら、ちょっと焦りが生まれてきました。

不得意だなんて言ってないで、自分の方から仕掛ける「鉄砲で狩るタイプ」をやってみるしかないのかも。

とりあえず、ちょっとでもいいなと思った人には、お付き合いを片っ端から申し込んでみようか。そんな気持ちが湧き上がってきました。

「下手な鉄砲も数撃ちゃ当たる」って言うし……。

27 譲れない条件を絞る

下手な鉄砲も数撃ちゃ当たる、と決心したものの、鉄砲を撃つには、相手を選ばなければなりません。どんな条件の人ならいいのかを考え始めるとキリがなくなりました。また、その条件が妥当なのかどうかを考えると、これまたキリがありません。

そのうちに、恋愛対象として自信のない人間が、人に対して条件を付けて選ぶなんておこがましいという気持ちにもなってきました。

それに、どんな条件をクリアした人でも、長い付き合いをしているうちには、結局自分と合わないところが見えてくるもので、その合わないところとどう付き合うのか、というのが長い付き合いのポイントでもあるのです。

それは、これまでの付き合いの経験で体得したものでした。その合わないところに自分が対処できるかどうかは、やってみなければわからないのです。

やってみなければわからないことに怯えていても仕方がないし、前に失敗したからと言って、今度も失敗するとは限りません。

だから、条件はできるだけ少なくすることにしました。どれだけ、それを少なくできるか、僕の本気度が試されるのです。

そして、こちら側のギリギリに絞った条件をクリアしてくれた相手なら、後はその人の気持ち次第、と決めました。

そして、これ以上は譲れない条件として次の三つに絞り込みました。
○精神的に自立している。
○人生に対して誠実であろうとするところが感じられる。
○僕とちゃんと話ができる。
それから、外見に関しては、僕がキスをしてもいいと思える顔をしてくれていれば良しとすることにしました。これがギリギリのラインです。いくら自分には自信がなくても、キスもしたくない人とはやっていく気は起こりません。

もし、これ以外に良いところがあったら、「おまけ」が付いてきたと思って、神様仏様に感謝することにしました。

こうして僕は、後になってから、自分で「激動の四ヶ月」と振り返ることになる期間に入っていくことになります。

この四ヶ月で、僕は四人の男性に挑戦し、そして見事に玉砕します。

その四人の話を一部始終をここに書き記すのは冗長なので、その四人の中の二人目、K君の話を、ここではしたいと思います。

一人目の人に申し込み、断られた数日後に、僕はK君と出会いました。

K君は、なんと小学校の後輩で、そのお陰で話題にも事欠かず、初対面なのに話がはずみました。人なつっこくて、会話のキャッチボールがちゃんとできる人なのです。これは僕にとって高得点です。

歳は二十二歳。大学院を目指し、将来設計もちゃんと考えているようです。

僕の考えていた条件に合っています。僕はさっそくデートに誘いました。K君は「タックさんとですか？」とビックリしていましたが、「後輩は先輩の言うことはなんでも聞く！」と冗談を言うと、笑いながら受けてくれました。

一人目の人に断られた理由は「恋愛の対象にならない」というものでした。前にも言いましたが、恋愛の対象として見てもらえないと、何も始まらないのがゲイの世界です。恋愛の対象から外れた人は、なれたとしても良くて友人です。そして、一度友人枠に入れられてしまうと、パートナーシップ枠に移れるなんてことは考えられません。だいたい、ほとんどの人にパートナーシップ枠なんてものは存在しないんですから。

ですから、デートという言い方で、単に先輩後輩の付き合いをしたいんじゃないんだぞというメッセージを送ったわけです。

僕の目的はパートナーシップで、恋愛ではありません。だけど、そんなことを最初に言っても、わかってもらえるはずはないのです。誰もが恋愛が長く続いたものが、「長い付き合い」だと思っているのですから。

K君に恋愛感情を持ってもらえない限りは、僕の望むパートナーシップへの可能性はないわけです。

先輩風吹かして、気楽に誘ったようですが、僕は緊張していました。これもまた前に言いましたが、僕は恋愛対象として自分をアピールすることに全く自信がないタイプなのです。恋愛対象は無理だとしても、「この人といると楽しい」くらいには思ってもらえないと、先行きの見込みはないわけです。当然、デートは緊張するわけです。

その日は、ドキドキしながらも、いい雰囲気でデートは進みました。

K君は、初めて会った時に感じた「誠実そうだな」という印象を裏切らない人でした。それに、何か僕に求めている雰囲気もなくはない感じです。

いけるかもしれない……。とにかく今日中に、長い付き合いを前提に、これからもデートを重ねていきたいということだけは伝えようと思いました。

ただ居心地よく仲良くなっていって「友人枠」に入れられてしまってからでは遅いのです。それだけは避けなければいけません。僕は友人を求めているわけではないのですから。

食事も終わって、お茶もして、辺りが暗くなってきて、僕は日比谷公園の散策に誘いました。どこか二人きりになれるようなところに着いたら、伝えなければならないことがあるのです。ドキドキ。

辺りに人もいないベンチが見つかり、そこに腰を下ろして、僕はおもむろに話したいことがあると切り出しました。

「僕も話したいことがあるんです」という答え。え？　ちょっと意外な展開です。

「じゃK君の方から先にどうぞ」

と言うと、彼はしばらくためらっていましたが、こう言いました。

「僕、ＨＩＶに感染してるんです……」

とっさに、僕は言葉が出ませんでした。ただ立ち上がって、彼を強く抱きしめました。彼から何かを求められている、と感じた理由はこれだったのです。

頭の中をカズのことが、ものすごい勢いで回り出します。

「僕はまた、神様から試練を与えられているの？」

そんな思いが頭をよぎります。


僕はK君に、自分のパートナーをエイズで亡くしていること、だから君の今の心細さは痛いほどわかること、僕は今、新しいパートナーを探しているところで、君さえ良ければ、僕を君のパートナー候補と意識して付き合って欲しいと思っていることなどを、混乱しながらも伝えました。

今度はK君が混乱する番でした。

K君はつい最近、感染を知ったばかりで、途方にくれている状態だったようです。初めて僕と会った時に、僕が服にレッドリボン（エイズ患者とその家族への支援を表すバッジ）をつけていたので、この人なら話を聞いてもらえるかもしれないと思ったようでした。きっと闇夜に小さな灯りを見つけたような気持ちだったのでしょう。

今は自分の感染のことで頭がいっぱいで、今、急に付き合うとか付き合わないとかを答えられる状態ではないということでした。

僕は「もし僕のことを付き合う対象として見られないのなら、はっきり言ってほしい。そうすれば僕は潔く身を引くから」と言うと、「対象と思えないわけではない」というような、ちょっと曖昧な返事をくれました。そして、付き合うかどうかの返事は、もう少し待って欲しいと言いました。


カズが亡くなってから三年しか経っていませんでしたが、ＨＩＶを巡る状況は、大きく変化をしていました。ウィルスを叩く薬も認可されていましたし、医療体制も整ってきていました。

それに、小規模ながら民間の支援組織も機能し始めていたのです。

感染をしていても心身の健康に留意して発症さえしないようにすれば「病と一緒に生きていける」可能性も、徐々に知られるようになってきていました。

K君はカズとはタッチの差で、運が良ければ生き延びられる状況に間に合っていたのでした。

僕は、デートが終わり、家に帰るとK君に長いファクスを送りました（まだネットの時代じゃなかったのです）。君を支える役を僕に与えて欲しい、カズの時にできなかった長い闘いを一緒にやらせて欲しい、君がノーというまでは、僕は頑張るつもりだ、と。

僕は本気でした。

28 どうして「二人で生きたい」のか

それから二ヶ月、僕はできる限りのことをしました。

できるだけ彼の側にいたいと思いました。彼のスケジュールを聞き出しては、その場所に行くようにしました。彼がエアロビをやると聞いたら、僕も出かけて一緒にやりました。彼が教会に行くと聞いたら、僕も出かけて、見よう見まねで一緒に祈りました。

毎日のようにファクスをしました。絵を描いて送ったり、マジメな文章をしたためて送ったり……。

K君も、だんだん僕に心を開いてくれるようになりました。でも、何かが足りないという感じがあるのは否めません。

突然「やっぱりタックさんはその対象ではない」と言われるかもしれない不安と闘いながらも、我ながらよく頑張ったと思います。

感染後、彼はもう二度と誰かとセックスをすることもないと思い込んでいたようでした。そんな彼の気持ちをほぐそうとセーファーセックスに持ち込んだのですが、その後で彼はこう言いました。

「感染したからって恋愛ができないわけではないんですよね」

そう言いながら見せてくれた、彼の照れた笑顔は今でも忘れられません。

ただ、残念ながら、その恋愛の対象はやっぱり僕ではありませんでした。

出会って二ヶ月後、家に帰るとK君からの長いファクスが届いていました。

僕と出会えたことに感謝していること、僕に付き合ってほしいと言われて戸惑ったこと、それでも何度も会っているうちに、可愛らしく思えるようにもなってきたこと、だけど、「感染者を相互に支え合う会」で出会った人を好きになったこと、どこまで行けるかわからないけど、彼とずっと一緒にやっていきたいと思えるようになったこと、自分がそんな風に「先のこと」を考えるようになれたのも僕のお陰だと感謝していること、そんなことが綴られていました。


僕は約束通り、このファクスで彼への思いの全てを諦めました。

二人の新たな門出を祝福し、彼らの門出に力を貸せたことを自分としては誇りに思うと返事を出しました。

ただ、僕も本気で頑張っていたので正直辛い。だから、しばらくは会うことはできないとも伝えて。

その翌日、僕は前から候補にしていた三人目の人に連絡をとって、食事の約束をとりつけました。


恋愛感情が動くか、動かないか。その間には、簡単には越えられない高い壁があるのがゲイの世界です。そこでは、パートナーシップからのアプローチはなかなか理解してもらえないし、現実味がないのでしょう。それは仕方のないことなのかもしれません。

二十代の僕だったら理解できなかっただろうし、理解なんかしたくなかっただろうと思います。なんと言っても、運命的な出会いだと思える恋愛をして、その結果、「いつまでも幸せに暮らす」というのが夢だったのですから。

僕は、いつの間にか、遠くまでやってきてしまったようです。


三人目の人も、「タックさんとなら幸せになれるだろうと思う、だけど恋愛の対象にはならない……」という結論でした。一ヶ月待たされて、結局、ノー。

僕もだんだん疲れてきました。K君のことだけでも消耗したのに、今回も同じパターン。

そこへ、突然四人目の出現です。

初対面の僕にすっかり夢中になって、付き合ってほしいと言ってきました。

人生、面白すぎます！　こんどは立場が逆……。

付き合ってはみたものの、彼が見ていた「幻想」が崩れるのも早く、三週間もしないうちに、ごめんなさいと去っていきました。

みんなにお披露目までしたのに……。やってられん！

こんな風にして僕の「激動の四ヶ月」は終わりました。

過ぎてしまえば、あれは何だったんだろうと思うような四ヶ月。

あれは単なる時間の無駄だったのかも、という徒労感だけが残りました。


しかし、少し時間が経つと、この時の経験は、僕が自分自身を知る、いい機会を与えてくれていたことが見えてきました。


この四ヶ月の間、僕は辛い気持ちを少しでも整理しようと、ノートにいろいろなことを書き付けていました。

そこには僕が関係の中に何を求めているのかという思いが連なっています。それらを読んでいると、「そんなにパートナーシップが欲しいんだ……」と我ながら呆れてしまうくらいです。


呆れながらも、そんな自分が愛しいとも思いました。そこまで強く「他者との関係作り」を求める人間なんてそんなにたくさんはいない。でも、僕はそんな「少数派である自分」は嫌いじゃないし、ステキなことだと思うのです。


僕はいつのまにかパートナーシップを育んでいく工程そのものを面白いと思うようになっていたようです。

それがノートに書き付けたものから感じられます。以下はノートの抜き書きです。


人と知り合う。

相手を理解し、自分を理解してもらえるように、工夫する。

いろいろなコミュニケーション方法を考え、実践する。

相手の受け入れにくい部分を、受け入れられるように自分を動かしていく。

試行錯誤を繰り返しながら、だんだん技量が上がっていくのを実感する。

こういう工程の一つ一つが、僕にとっては面白く、ワクワクすることなのだ。

そして、その工程の向こう側には、お互いがお互いを誰よりも理解して、かけがえのない二人になれる可能性が待っている。


苦しい。辛い。

なんでこんなことを始めてしまったのだろう。――自分で選んだこと。


失敗なのかもしれない。

でも失敗したって、次に成功すればいい。何度でもやる！


こんなに面白いこと、なんでみんなやらないんだろう。

誰もが登山や庭作りが好きなわけではないのと同じか……

どうやら僕は関係作りという「趣味」にはまってしまったようだ。


この「趣味」という思いに至って、気持ちがスッキリした感じがしました。

実は、この思いに至る前は、「自分がこんなにパートナーシップにこだわるのは、自分に何か問題があるからではないか」という強迫的な恐れを、頭から消すことができなかったのです。

自分の家庭環境から来るトラウマが原因なのだろうか。

同性愛へのネガティブな思いを埋め合わせるために、長い関係を持とうとしているのだろうか。

精神的な弱さから、関係というものに依存しているのだろうか。

こんなことがいつも頭の片隅でうごめいていたのです。

だけど、「関係作りも趣味のようなものだ」という考えが浮かんでからは、原因を考えて悩むこと自体がバカバカしいと思えるようになったのです。

実際、いくら考えても結論がでるわけでもないし、たとえ原因がわかったからといって、関係作りをやめたくなるわけでもないのですから。


もう「なぜ？」と思い悩むのはやめよう！

登山に人生をかける人が「なぜ？」と悩むだろうか。

僕は誰かと人生を歩むのが好きなのだ。

やっぱり「ふたり」が好きなのだ。


この最後の――やっぱり「ふたり」が好き――というシンプルな自覚に辿り着けただけでも、「激動の四ヶ月」には大きな意味があったと思います。

これ以来、僕は、パートナーシップを求め続ける自分を、全面的に肯定できるようになりました。

「ただ、それが好きなの。文句ある？」

ノートには、当時読んだ本から抜き書きしたものもいろいろ入っています。その中に、エーリッヒ・フロムの言葉の抜き書きがあるので、紹介しておきたいと思います。

エーリッヒ・フロムは、ドイツ生まれの著名な社会心理学者です。抜き書きは彼の著書『愛するということ』の第四章――愛の修練――から取られています。

これはK君からの返事を待ちながら辛い思いをしていた時に、タイトルに引かれて読んだ本です。この抜き書きの文章には何度も励ましてもらいました。暗記して、挫けそうになるとお題目のように唱えていたくらいです。

結局、K君とは上手くはいきませんでしたが、この言葉は、その後のパートナーシップに対する考え方にも大きな影響を与えています。

「愛するということは、何の保証もないのに行動を起こすことであり、こちらが愛せばきっと相手の心にも愛が生まれるだろうという希望に、全面的に自分を委ねることである。愛とは信念の行為であり、わずかな信念しか持っていない人はわずかしか愛することができない。」

「信念を持つには勇気がいる。勇気とは、あえて危険をおかす能力であり、苦痛や失望をも受け入れる覚悟である。」

――エーリッヒ・フロム『愛するということ』紀伊國屋書店・刊　鈴木晶・訳

29

一人でも生きられる

僕には叔母がいます。僕を産んでくれた母親の妹にあたる人です。

彼女は十六歳の時、新劇女優を志し、今でも劇団『俳優座』の最古参現役女優として活躍を続けています。そのキャリアはこの文章を書いている時点で六十年を越えました。

彼女は理性的で、常に合理的であることを大事にしてきた人です。「男とは」「女とは」というような発想を基本的にしない人なので、自分のセクシュアリティも含め、人生観や価値観を躊躇せずに話してこられました。カズがＨＩＶに感染した時にも、真っ先に相談し、支えてもらった一人です。僕が最も頼りにしている肉親なのです。

彼女は結婚をしていません。十代の早い時期から、女優になることを決心し、結婚をしないと心に決めて生きてきました。

男性にとって結婚は、自分が仕事に没頭できる環境を作り出すことを意味しますが、女性にとっては、その逆を意味することが多いのです。少なくとも、彼女が生きてきた時代においては、結婚はそうしたものでした。

観察眼の鋭い彼女は、少女のうちに「結婚のからくり」を見抜き、自分の「一番やりたいこと」の足を引っぱる可能性の高い結婚をしないように決心しました。恋愛はしても、結婚はしない。それが彼女の選んだ生き方だったのです。

僕にとって、叔母は昔から眩しい存在でした。

自分のやりたいことがはっきりしていて、やるべきことに向かって真っ直ぐ進んでいく。自分が確信していることなら、相手が男だろうと女だろうと関係なく意見を述べ、そして、必要なら闘う。仕事の面でも、努力を惜しまず、結果を残し、評価を受けている。はっきり言って「カッコいい」のです。

正直に言えば、自分に自信が持てず、劣等感を抱えこんでいた頃には、彼女の前に出るといろいろと見透かされているような気がして、心休まらない感じもありました。そういう意味で、彼女は唯一の「恐い」肉親でもあったのです。

彼女の「強い」生き方は、「男勝り」とか「恐い女」というような異名をもたらし、演劇界ではさまざまな「伝説」が昔からついて回っています。

しかし、彼女の生きてきた時代は、「強く」なければ、彼女が選んだような生き方はできませんでした。異名は、彼女の生き方に対する「輝く称号」なのだと、僕は思っています。

叔母の名誉のために言っておきますが、彼女は強いだけの人間ではありません。繊細な感性も持ち合わせているし、優しさも柔らかさも兼ね備えています。可愛いところだってたくさん持っています。

僕は長い間「二人で生きる」ことにこだわり、それに向かって夢中で邁進してきましたが、叔母は「基本は一人」という生き方を静かに実践してきました。

僕は叔母の生き方を尊敬していました。それは畏敬の念に近いものです。自分にはとてもできない「すごいこと」という感覚です。

強い精神力がなければ、やっていけない生き方だと思っていました。叔母は強い。才能にも恵まれている。だから「一人」で生きていけるのだ……と。

言わば、自分が求めてきた「二人で生きる」ことと、叔母のように「基本は一人」という生き方を、対立的に捉えていたのです。だから二つの生き方は相容れないと考えていました。

自分は「二人で生きる」しかない人間だと思っていたからこそ、僕は一緒に生きてくれる人を必死に探そうと「激動の四ヶ月」に飛び込んでいったのでした。当然、そこには焦りのような感覚がありました。

「激動の四ヶ月」が終わると、僕の前には課題が立ちはだかっていました。

これから先、僕には人生を一緒に歩んでくれる人が現れない可能性もあるのです。四十三歳という年齢のことを考えると、その可能性は大いにあり得ます。

その可能性に対する覚悟を持ち、そのことへの対策も考えておかないと、これからの僕の人生は「惨めなもの」になってしまいそうです。

今までは、「二人で生きている」のが自分にとって本来のありようで、そうでない時期は、そこに辿り着くための準備期間、もしくは乗り切らなければならない不本意な期間と思って生きてきたのでした。それは、結局は、「相手となる人と必ず出会える」という思いに裏打ちされた発想だったのです。

しかし、「相手が一生現れないかもしれない」というリアルな可能性を前にして、このままの発想ではやっていけないと思いました。

なぜなら、これからの人生の後半期をずっと「準備期間」とか「不本意な期間」として生きていくのは、いくら何でも無理があるからです。

かと言って、「人生は結局一人で生きていくもの」と宗旨替えして、今までの自分を否定して生きていきたくありません。それは自分が大事にしてきたことに対する「裏切り」のような気がするのです。過去を間違いだと思いながら、残りの人生を生きていくのにも無理があります。

連れ添う相手がいようといまいと、どちらも自分の大事な人生だと肯定できる発想。今までの人生も、これから来る人生も肯定できる発想。それを持たないと、残りの人生を幸せにすることはできないと思いました。

そういう発想をどうやって持ったらいいのか。

それが、僕の前にある課題だったのです。

僕は、ここに来て初めて、「一人で生きていく」ことを真剣に考え始めました。「二人で生きていく」ことと矛盾のない形で考えられるかどうかはわかりませんが、少なくともそれを良しとし、肯定できなければ、話は始まりません。

「一人で生きていく」ことを肯定的に捉えようとしてみると、僕には身近に素晴らしいお手本があるのでした。そう、叔母です。


そんな思いで、叔母の生活を注意深く観察してみると、「僕とは別の生き方」と思い込んでいたものとは違って見えるようになりました。

当たり前ですが、彼女は常に一人でいるわけではありません。芝居のある時は大勢の人と関わり続けています。芝居のない時でも、劇団の運営に関わっての付き合いもあります。休みの時だって麻雀仲間との時間が待っています。

むしろ一人でいる時の方が少ないのです。そして、叔母はその一人になれる時間が来ると、彼女なりの方法でその時間を大事にし、楽しんでいるのです。

どうやら、精神的に強いかどうかということより、一人の時間を楽しむ能力があるかどうかの方がポイントのようです。

これなら僕にもできそうです。と言うか、今までにもやってきたこと……。

「二人で生きていく」という生き方でも、一人の時間はいくらでもあったし、作れます。その時間は僕にとっても大事な時間でした。

僕は喫茶店に一人で入って本を読んだり、ぼ〜っとするのが好きです。作品制作を始めれば、一人の時間はいくらあっても足りないくらいです。それに僕には友人がたくさんいるので、淋しくなったら彼らと会えばいいのです。誰かは時間を作ってくれるでしょう。家事に関してだって、基本的なことなら僕はなんでもできます。別に一人だからと困ることはないわけです。

それに「本当に心細くなった時には、叔母がいてくれる」と思うだけでも気が楽になるのです。なんだ、やっていけそうじゃない！

少なくとも、パートナーがいない人生を恐れる必要はない。そんな風に思えるようになりました。

無人島に一人で住んでいるのでなければ、この世の中で「一人で生きている」人なんていないし、パートナーシップをやっている二人が、「人間は基本的に一人」という事実から逃れられるわけでもない。いろいろと真剣に考えてみると、こういうことも見えてくるのでした。

叔母と僕は、それほど違った生き方をしていたわけではなかった。これは僕には大きな発見でした。叔母との距離がぐんと縮まったような気がしました。

その後、僕は一人での生活を淡々と過ごしていきました。その生活は、以前と比べて、友人と過ごす時間が増えたり、一人で考えたり、本を読んだりする時間が多くなっているくらいの変化しかありませんでしたが。

平穏な日々……。

やってみたら、なんだ、できてるじゃないか。そんな感じです。これが続いてもやっていけそうです。もしこの生活がずっと続いたとしても、それは「あり」だなって思えるようになりました。

確かに物足りなさは感じました。生活の中に、誰かと関係作りをしている時のダイナミックな面白さや刺激はないからです。でも、それがないからと言って「不幸」ではありませんでした。なんだか「普通」っていうか、「ニュートラル」って感じです。

この生活を通して、僕は徐々に「二人でいなければ幸せじゃない」という発想から「一人だろうと、二人だろうと、幸せになるのはその人次第」という発想へと転換していけたのです。それも、頭だけで考えたものではなく、実際に体験しながらの転換でした。これは、僕には大きな意味がありました。自分を支えていた大きな枠組みが劇的に変換したっていうぐらいの感覚です。

ここに至って初めて、「僕にとってパートナーシップというものは、基本は一人で生きられる人間が、敢えて二人で生きることを選択するもの」という、ものすごく重要なポイントを掴むことができたのでした。

30 時期が違えば関わらなかった二人

「激動の四ヶ月」を通して、いくら二人で生きていきたいと思っても、何か大きな力が応援してくれなければ、スタートラインにさえ立てない。そう思い知りました。

そこで、一人でもやっていけるように心の準備を整えたら、その大きな力は「それがわかったなら、二人でやってみなさい」と言わんばかりに、一緒に生きる人と巡り会わせてくれました。人生とは皮肉なものです。

激動の四ヶ月が終わって、半年しか経っていませんでしたが、僕には、もう何年も過ぎたような感じがしていました。

彼の名前はゲンちゃん。年齢は僕より十三歳下の三十二歳。

タックスノットのお客さんがあるカラオケバーに行ったら、裏声で女性の歌をノリノリで歌っている野郎系のゲイに会ったそうです。

歌はプロ並みの迫力。会話のノリはハイテンション。意気投合して、今度は変わったバーを紹介しようとタックスノットに連れてきたのでした（！）。

その連れてこられた人がゲンちゃんだったのです。

時間は朝の三時近く。店を閉めようとしていた矢先に二人は入ってきました。

ゲンちゃんはすぐさま他のお客さんを巻き込んで、ノリのいい会話を炸裂させました。それは、何かを話し合うというよりは、言葉の卓球みたいな反射神経が勝負のゲーム。どれだけスマッシュを打ち込めるかを競っているようです。とにかくテンションが高い。みんなハイになっていきます。僕が最も苦手とする会話。とにかく、遊び慣れた「行け行け兄ちゃん」全開といった感じです。僕は聞いているだけで精一杯でした。

「この人、いつもこういう感じなのかなぁ。うちには向かないかも……」

チャーミングでセクシー、だけど苦手なタイプ。それがゲンちゃんの第一印象でした。

それでもゲンちゃんはタックスノットを気に入ってくれたのか、それからちょくちょく通ってくれるようになりました。

ある日曜の昼下がり、新宿の紀伊國屋書店の前で、ゲンちゃんを見かけました。本を立ち読みしているようです。驚かしてやろうとイタズラ心が湧いてきて、後ろにそっと立つと、お尻の辺りをすっと撫でて「遊ぼうか……」と低い声でささやいてみました。

すぐに振り向き、僕を見るなり「なんだ！」とか言って笑ってくれるかと思っていたら、知らん顔をしながらすっと横に逃げていきます。またしつこく同じことをすると、また逃げます。表情は怖がって固まっている感じです。

勘弁してあげようと肩をポンと叩くと、怖々振り向きながら僕を見る目がなんと涙目です。ウソ！　僕だとは気付かずに、ヘンな人に絡まれてるんだと思ったようです。さすがに、僕だったとわかったとたん、「このぉ！」と言ってヘッドロックをされましたが。ホントに怖かったようです。

この時、いつも外に見せている「行け行け兄ちゃん」的イメージのすぐ下に、ウブで柔らかい部分を持ち合わせているのが垣間見えて、ちょっと新鮮な感じがしました。それは思いがけずにステキなものを見た感じがしたのです。

ある土曜日、早い時間にゲンちゃんがタックスノットにやってきました。

他にお客さんがいない状態だったので、いろいろと話をしていると、彼は「タックさんみたいな人と付き合えるといいのに」と軽く言いました。

ホントなの？　軽い気持ちでそんなこと言われちゃたまりません。なにせ四番目の人のプロポーズを真に受けて、三週間で去られたトラウマがあるのです。

「僕ね、そういう冗談は嫌いなの」と言うと、「冗談じゃないよ」とちょっとマジになって答えました。

「じゃ店が終わってから、じっくり話しましょ」と言うと、ゲンちゃんは、その日、閉店時間まで残ってくれました。

その後、僕たちは二人きりになって話しました。

まず店で三時間ほど。それから朝になったので喫茶店に場所を移して四時間ほど。それから新宿御苑を歩きながら三時間ほど。とにかく話して、話して、話しまくりました。それぞれの人生、今の気持ち、これからどうしていきたいか。

新宿御苑を出る頃には午後の三時を回っていました。

ゲンちゃんは結婚を経験していました。

男の人に性的に惹かれていることは、ずいぶん早くから気がついていたようですが、結婚はしなければいけないものだと考えていたのです。高専で機械工学を学び、卒業した直後に父親を亡くしていたので、早く結婚して母親を安心させたかったのです。自分も含めて、みんなが幸せになるには結婚するしかないと思っていたのです。それ以外の選択肢は考えられなかったのでしょう。

その気持ちは理解できました。僕だって女の子との結婚を考えたことがなかったわけではありません。高校の頃に、幸運にもゲイについてのポジティブな情報に出会っていた僕でさえ、そう思うしかなかった時代の状況がありました。

「この人」と思える彼女ができて、その彼女と愛し合えた翌日は、彼女が女神のように見えたそうです。

十年間、結婚生活を続け、二人の子供に恵まれたそうです。

食品会社の機械部門のエンジニアとして働きながら、自分のゲイの部分は封印し、月に一万円の小遣いで家族を支えてきたという話でした。

十年経って、妻が不倫、そして離婚。子供のことを考えて親権は手放したそうです。自分なりに、夫として、父親として頑張ってきたつもりだったのに、この結果。恐ろしく傷ついた思いがあったことでしょう。

アパートを借り、一人で暮らし始めたゲンちゃんは、また男ともセックスをするようになりました。

でも家庭を経験した彼には、ただセックスを中心にした付き合いは物足りなかったようです。これから先、ずっとこんな生活をしていくのか。まるで自分がクズにでもなってしまったような気分だった、と話していました。

そんな時に、タックスノットにやってきて、僕のことを知ったわけです。

「この人は、今まで知ってきたゲイの人とは少し違う感じがする」

そんな風に思ったそうです。ゲンちゃんには、男同士でのパートナーシップという発想はありませんでした。だけど、僕はそれを説き続けていました。

この人とだったら人生をやり直せるのではないか。今までの生き方とは違う人生が送れるのではないか。傷ついた思いから立ち直れるのではないか。

ゲンちゃんは、そんな風に思ってくれたのだと思います。

僕のほうから見ると、ゲンちゃんは僕の価値観とはずいぶん違う生き方をしてきた人でした。僕は「結婚を選択した人は、自分とは相容れない人生を歩んでいる」と思って生きてきたような人間です。

彼は「男」であることに頑張ってきた人でもあるのですが、それも、僕がネガティブに捉えてきた生き方でした。何年か前だったら、とても仲良くはなれなかったかもしれません。

しかし、この人は今真剣に、一緒に生きていく人を求めているのです。そして、僕が一番必要としているのも、僕と一緒に生きてくれる人でした。

彼には十年間家庭を守ってきたという自負もありました。責任感を持ってやってきたのです。それは僕が求める関係にとっても大切なことです。自分の決めたことに誠実であろうとする態度は、僕が相手に求める条件の一つです。

タックスノットでの面白おかしい会話の応酬の時に見せる姿とは全く違う、一生懸命に自分を理解してもらおうと話す彼の態度には、他の人には簡単に見せない心の内側を僕には見せてくれているんだという感じさえありました。

そうです。この人とやろうとしないで、誰とやっていくというのだ。僕はそう思いました。

会う時期が違っていたら、絶対に関わらなかったであろう二人。その二人が、今、人生の軌跡を重ねようとしているのです。いろいろなことを経験してきたからこそ、やってみようと思える挑戦でした。年をとるというのは、そんなに悪いことばかりではないようです。

僕たちは真剣に付き合っていこうと確認し合ったのでした。

31 覚悟が関係を助けてくれる

十時間もぶっ通しで話をし、本気を確認したとはいっても、セックスもしないで付き合うことを決めたのは、さすがの僕も初めてのことでした。

人物的に問題がなく、外見もオーケー。だからセックスなんて大した問題じゃない。いずれはなくなるんだから。そう思っても、不安はありました。

そして、不安は見事に的中したのでした。僕たちのセックスは相性が悪かったのです（またかい！）。

ゲンちゃんにとってセックスはバックに「入れる」とか「入れられる」ならオーケーで、愛撫とかキスとかは生理的にダメなようでした。それどころか、手や口で僕のおチンチンに触れるのも苦手なようなのです。

そして、前にも話しましたが、僕ができないのはバックなのでした。

一度セックスを試してみただけで、僕たちは、基本的に相手の欲しがっているものを与えられない組み合わせなのだとわかりました。頭がクラクラして、目眩が起きそうでした。なんで、こういうのばっかりなの。

僕の不安は一気に増大しました。最初からこんな状態でいいのだろうか。これから先、関係を育んでいくことさえ難しくなるのではないか……。

ところが、ゲンちゃんはあまり意に介してないようなのです。

「セックスなんて簡単なんだから」。これが彼の答えでした。

ゲンちゃんの言語感覚は独特で感覚的です。論理的に考えて問いただしたりすると、思ってもみなかったところに到着したりするので、要注意なのです。「簡単なんだからうまくいくよ」という意味なのか、「簡単なんだからクヨクヨ気にするな」という意味なのか、よくわからないのでした。そこを突っ込んでも「だから、簡単なんだよ」と返ってくるのがオチなのです。

ゲンちゃんが全く気にしていないようなので、ひとまずこの問題はペンディングにしておくことにしました。とにかく僕たちには、信頼関係を築くために、他にやらなければならないことが山のようにあるのです。

とはいえ、僕は不安が治まりません。不安症がぶり返してきたようです。セックスが問題だったヤスオとのトラウマがうずき出してしまうのです。

そこで、ついゲンちゃんに向かって、「ね、ホントに僕たちってやっていける?」と聞いてしまうのでした。まるで口癖のように。

きりがない僕の不安に業を煮やしたゲンちゃんは、こう言いました。

「わかった。それじゃ新婚旅行に行こう！」

え？　またゲンちゃん独特の論理展開です。なぜそういう結論になるのかはわからないけれど、その確信に溢れた物言いに、「うん」と答えてしまう僕でした。

この話が出た頃は十二月に入ったばかり。会社に勤めている人間が、年末に突然一週間の休みをとって旅行に行くというのは覚悟のいることなんだと思います。多分、ゲンちゃんは僕にその覚悟を見せることで、自分の本気の度合いを伝えようとしてくれたんでしょう。

僕たちは、実際、年末にバリ島へ「新婚旅行」に出かけました。僕にとっては初めての、ゲンちゃんにとっては二度目の新婚旅行でした。

この新婚旅行でも、セックスの問題は何も解決はしなかったのですが、「これは二人にとって問題ではない！」というゲンちゃんの強い意思は伝わってきました。お陰で、いつの間にか僕もそれに納得させられているのでした。

ゲンちゃんにとって「覚悟」は人生における大事なキーワードです。結婚した時も覚悟をしたんだと思います。決めた以上、自分はとことんやる。それが彼の生活信条であり、「男であること」の証明でもあったようです。

そういう意味で、実にゲンちゃんは「男らしい」人でした。「男であること」は、彼にとって重要な部分なのです。そこには僕との大きな違いがありました。僕自身は「自分はゲイだから、男とか女とかの役割に縛られない生き方をする」ということをモットーにして生きてきたからです。

でも、そんな僕にもゲンちゃんの「男らしさ」は頼もしく思えました。

こんなこともありました。

いろんな話をしている最中に、転勤の話になったのです。大きな食品会社に勤めているゲンちゃんには転勤の可能性があり、どこに飛ばされるかはわからないと言うのです。それを聞いただけで、また僕の不安症が動き出しました。

「転勤するから別れるなんていうのだけは絶対嫌だからね」と不安そうに話すと、ゲンちゃんは事も無げに、「転勤の辞令が出たら、僕、会社辞めるから」と言うのでした。

え〜〜〜！　いつ、そんな覚悟をしたの〜？

「タックと一緒に生きるって決めたんだから、会社辞めたらタックと一緒にタックスノットをやっていく。カズさんと二人でも食べられたんだから、僕たちでも大丈夫だよ。僕は水商売にはけっこう向いてると思うんだよね」

これがゲンちゃんの答えでした。

それを聞きながら、その時は正直、う〜ん、話半分かなと思ったのでした。だって十二年も働いてきた会社なんですから。そんなに簡単に辞める決心がつくはずない、というのが僕の本音だったのです。

しかし、その覚悟が本物だったというのは、すぐにわかりました。年が明けるとすぐに転勤の辞令が降りたのです。ゲンちゃんは躊躇することなく辞表を提出したのでした。すごい。勇気ありすぎ……。

この時に僕は理解したのです。ゲンちゃんは残りの人生を僕に賭けたんだって。なんて「男らしい」賭け方。この僕がたじたじとするほどの迫力です。

セックスが合わない、とかグチグチ言ってる場合じゃないのかも！

ゲンちゃんは会社を辞め、一緒にタックスノットをやるようになりました。

それと同時に同居も始めました。今まで僕が住んでいたアパートに住むのでは、彼が「お客さん」のような気分になるからと、店の近くに新しいアパートを借りて、それぞれが同時にそこへ引っ越すという形での同居開始になりました。これなら、その空間では二人とも主役になれます。

出会って三ヶ月しか経っていないのに、事態はここまで進行したのでした。

さて一緒にタックスノットをやってみると、問題が浮上してきました。

当時、タックスノットは曜日によって入ってもらっているスタッフが二人いて、その人たちに週三日を任せていたのです。

ゲンちゃんとしては、会社を辞めて本格的に水商売に打ち込もうと思っていたのに、スタッフに辞めてもらうわけにもいかない事情から四日しか働けず、中途半端な状態を我慢しなければならなかったのです。

それに、ゲンちゃんは、サロンのような営業スタイルはあまり得意ではないのです。それより、ハイ・テンションなムードの中で騒いで、楽しくガンガンに飲むという営業が向いているタイプなのでした。だから、タックスノットの雰囲気に馴染まない部分もありました。ゲンちゃんにとっても、お客さんにとっても、このままでは違和感がある感じなのです。

半年ほどやってみて、ゲンちゃんは自分の店を持って、自分のスタイルを活かした営業をした方がいいのではないか、ということになりました。

この時、僕はタックスノットをやって十二年。それなりに経験も積んでいたし、ノウハウもあったので、ゲンちゃんが新しい店を始めることにはそれほど不安はありませんでした。資金も彼が自分の退職金を充てるということだし……。

そのつもりで探してみると、幸運にも格安の物件も見つかり、とんとん拍子でゲンちゃんの店は開店の運びとなりました。

お店の名前は「ゲンパパ」。ゲンちゃんにとって、「自分には子供がいる=自分は父親だ」ということは忘れてはいけない大切な事実なのです。それが、この「パパ」を含んだネーミングに込められています。

今は子供たちとは接点がないけど、彼らが成人して自分を必要とした時には、できるだけのことをする覚悟がある。ゲンちゃんはよくそう言っていました。よくよく覚悟の人なのです。

ゲンパパは、十平米くらいの小さな店でした。貨物用のエレベーターくらいの大きさと言ったらわかるかな。ドアを開けた途端、目の前に見えるのは急な登り階段。そこを上ると狭いカウンターの前に七席ほどのスツールがある小さな空間があります。そこがゲンちゃんの本領が発揮される場所になりました。

ゲンパパのオープンは十一月。僕とゲンちゃんが十時間話し合って付き合うことを決めてからほぼ一年が経っていました。

ゲンパパは実に流行りました。売り上げだってタックスノットの倍以上はいってたんじゃないかと思います。広さはタックスノットの半分くらいなのに。単純計算しても、ゲンちゃんには僕の四倍以上稼ぐ能力があったんですね。

ゲンちゃんお得意の、お客さんをハイな状態に持っていってガンガン飲んでもらうというスタイルは、ゲンパパという場を得て、洗練度を増し、完成の域に達したとも言えます。ゲンちゃんは歌い、踊り、盛り上げ、笑い、泣き、一瞬にしてその場を打ち上げパーティのような雰囲気にしてしまえるのです。

それは、ものすごい才能でした。

ゲンちゃんが一つの才能を花開かせるのに、パートナーとして一役買えたことを、僕は誇らしく思えるのでした。

自分の立ち位置を変えてみる

ずいぶん昔に、ある仏教説話を読みました。

仏教説話も、おとぎ話のようなところもあるので、一時期、けっこうハマっていろいろ読んだことがあるのです。その話は、こんなものでした。

インドのある国にとても徳の高い修行僧がいました。修行僧の評判はその国の王様の耳にも届いていて、ある日、王様から呼び出しがありました。

王様は修行僧に「お前はなんでもできると豪語しているそうだが、あの向こうに見える山を呼び寄せることができるか?」と聞きました。修行僧は「もちろん、できます」と答えました。

王様は、これは面白いと、たくさんの人を集めて、その修行僧が山を呼び寄せるのを見物することにしました。

王様は言いました。「それでは山を呼び寄せてみよ」

修行僧は見物人たちの前で大声で山に向かって叫びました。「お〜い、山よ、こっちへ来い」

見物人たちは固唾を呑んで見ていますが、山はいっこうに動きません。三度、呼びましたが、山はピクリとも動きませんでした。

王様は言いました。「動かぬではないか!」

すると修行僧は、「山を呼び寄せましたが、山は来る気がないようです。そこで私の方が行くことにします」そう答えて、スタスタと山に向かって歩いていってしまいました。

この説話は、山と修行僧が一になるのが大事なのであって、どちらが動いたかということにこだわってては理解できない、という話らしいです。

これを読んだ時には、ペテンにあったような気がして、納得がいきませんでした。一休さんだって、もう少し気の利いた答えを言うはず！とか思って。

でも、それから時間が流れ、ゲンちゃんと付き合おうとしていた頃の僕は、この話が妙に心に響くようになっていました。いろいろな経験をした後で、やっと解ることってあるんですね。

人と長く、深く付き合っていこうとする時、お互いの意見の違いや、生活習慣の違いをどう調整するかというのは、いつも大きな問題になります。

調整の方法は、こちらが動くか、相手が動くかしかないので、最終的には四つのパターンに集約されます。

「こちらが動いて調整する」
「相手が動いて調整する」
「両方で動いて調整する」
「両方とも動けない時は、ひとまずペンディングにする」

一番楽なのは「相手が動く」ことですけど、まぁ世の中そんなに甘くはない。双方で、相手が動くことを期待して待っていると膠着状態になってしまいます。

それに、相手が動くにしても、無理矢理動かすのではなく、相手の自発的な気持ちから動いてもらわなければ、後でもっと面倒なことになります。

納得して動くように、相手を説得するなんていうのは特に難しい。

それなら、山を呼び寄せる説話ではありませんが、相手が動かない場合は、まずこちらが動いてみるというのも考え方の一つです。

ゲンちゃんとの付き合いでは、僕は、まず自分が動こうと決めました。

なぜなら、ゲンちゃんにあまり負荷をかけたくないと思ったからです。

ゲンちゃんは結婚生活の経験はありましたが、僕が理想とするパートナーシップを理解していたわけではありません。それでも、彼は飛び込んできてくれたのです。僕はゲンちゃんの意気込みと勇気に心から感謝をしていました。だからこそ、後は僕が動くことで、彼の負担を減らしたいと思ったのです。

それに負荷をかけ過ぎて、パートナーシップから降りられちゃったら元も子もないですからね。

もう一つには、自分をうまく動かせば、今までならできないと思っていたことができるようになる、それが面白くなってきたのです。

相手を受け入れられない場合、無理して受け入れていても、結局、後で反動が来てしまいます。そうではなく、自分なりに発想を変えたり、価値観を動かしたりして、自分の立ち位置を変えられると、気持ちよく動けて、相手の受け入れられなかった部分を受け入れられたりするのです。そういう、一種の「自分の操縦法」が上達していくことに、どこかワクワクする感覚を感じるようになっていたのです。

人は、心を許すようになるまで、相手に自分のネガティブな側面は見せません。外面を取り繕って、できるだけ良いところを見せようとします。相手が自分に対してネガティブな側面を見せ始めたら、相手がこちらに対して心を許し始めた証拠でもあります。付き合っていこうとしている人が、そうし始めたら、それは僕にとって悪いことではありません。むしろ良い傾向なのです。

ゲンちゃんとバリ島へ新婚旅行に行った時に、こんなことがありました。

宿泊先は、広大な敷地にいろいろな建物が点在していて、その中を回遊するようなリゾートホテルでした。

部屋から五分ほど歩いたところにレストランがあるというので、散歩がてらそこまで歩いていきました。

着いてみたら、入り口に「サンダルでの入店はお断りします」と書いてあったのです。僕たちは、まさにサンダル履きです。

ゲンちゃんの顔がものすごく不機嫌なものになりました。

「ここで食事しない。帰ろう！」と戻り始めたのです。

すかさず僕が「ちょっとここで待ってて、僕が靴を取ってくるから」と言って、さっさと引き返して、二人の靴を取ってきました。

これで無事に食事ができたのですが、後でゲンちゃんはこう言いました。

「あの時、すぐに靴を取りに行ってくれたタックを見て、僕はこの人とだったらやっていけるかも……って思った。あそこで、タックに『靴くらい取りにいこう』とか、『こんなことで怒るなんておかしい』とか文句言われたら、この新婚旅行そのものが楽しくなくなっていたと思う」って。

僕は、割とフットワークが軽い方で、気を使って靴を取りに帰ったわけじゃなかったので、この時のゲンちゃんの反応にはちょっと驚きました。

でも、この時、いろいろ話していくつかのことがわかりました。

ゲンちゃんは気が短いこと。

そんなに器用なタイプでもないので、状況が急変するのが苦手なこと。

怒りや不機嫌さをコントロールしにくいこと。

それを何とかしたいと思っているけど、克服できないと思っていること。

それを僕に受け入れてもらって、嬉しいと思っていること。

これを知って、僕はこんな風に思いました。彼には「弱点」がある。でも、その弱点は僕がカバーすればいい。だって僕たちはタッグを組んでるチームなんだから。要点は、僕がゲンちゃんの弱点を、弱点として把握し、どう対応するかを考えておけばいいだけなのです。

「ゲンちゃんは、そのままでいいよ」

ゲンちゃんは安心したようです。


ゲンちゃんはホントに安心してくれたようで、僕に対して「飾らない自分」をどんどん出してくれるようになりました!

たとえば、ゲンちゃんとする外食は緊張が伴います。

何品か注文すると、二皿目が出てくるのが遅いことってあります。彼はあれに弱いんです。時間が空いてしまうと、すごく不機嫌になってきて、供された時にはもう食欲をなくしちゃってるんです。だから外食する時は、次々に食事が出てくることを心から願うのです。

それから、ゲンちゃんは食べるのが速いんです。僕も食べるのは速い方ですが、ゲンちゃんには敵いません。僕が食べ終わる頃には、とっくに食べ終わっていて、手持ちぶさたにしているのが見え見えです。

気が短いので、食べ終わったら、すぐに帰りたい人なんです。口では「ゆっくり食べていいよ」と言いながら、その手にはすでに財布が握られています。

僕の家では「親が死んでも食休み」というのがモットーだったので、食後にせわしないのはどうも苦手です。そこで食事は家ですることに決めました。ご存じのように、食事の支度は得意な方なので、無理なく対応できます。

これで僕もゆっくり食べられるし、ゲンちゃんも自分のペースで食事ができて、お互いストレスなく食事が楽しめます。

たとえば、ゲンちゃんは街をぶらつくというような行為も苦手です。

買い物は、どこで買うかを決めておき、その店に一直線に向かい、そこで素早く買うものを決定して、買ったらさっさと帰ってくるというタイプです。帰りに「ちょっとお茶でも」なんて喫茶店に入っても、コーヒーをグイッと飲んだら「さ、帰ろうか」という感じです。

僕は、ゲンちゃんと一緒にウインドウ・ショッピングしながら街を楽しむなんていうのは諦めました。別に一人で行ってもいいのだし、そういうのが好きな友人と行けばいいのですから。

こんな具合で、「苦手なシチュエイション」に関しては、ゲンちゃんはエピソードに事欠かない人なのですが、とにかく、僕が心がけていたことは、何かが起こる度に、「おう！　今度はこう来たか！」と面白がるようにして、今度はどんな風に乗り切ってやろうかと、ゲームでもやっているような気分で対処することでした。

33 相手が動き出すとき

ゲンちゃんは『Gメン』のヌードモデルをやったことがあります。『Gメン』は、男臭い男が好きなゲイのための雑誌です。そのグラビアのモデルになったのです。『Gメン』のモデルを依頼されるっていうことは、それはそのまま「イケてる男だ」って保証書を付けてもらったようなものなんです。

あれは『ゲンパパ』を開店して三年くらい経った頃のことでした。

その写真では、短髪にヒゲを生やしたゲンちゃんが、両手を頭の上に乗せて脇を見せ、少し目線を落とし、壁にもたれてジムで鍛えた体を見せています。

タイトルは『He-man』。「男っぽい男」っていうような意味です。

写真を見た時、僕にはちょっと感慨深いものがありました。

その感慨は、「ゲンちゃんがなりたいものになるのを応援し続けてきた」という誇らしい気持ちと、彼のありようを受け入れ続けてきた自分に対する「よくやってきたよ」という気持ちが混ざって、少し複雑な色合いを帯びています。

僕が出会った頃のゲンちゃんは、チャーミングではあったけど、成熟した大人の色気がある「兄貴」っていう感じではありませんでした。

昔は、ゲイバーで「不細工!」とか言われてた……そんなことをネタのように話すくらい、ゲンちゃんは外見にはあまり自信がなかったようでした。

そんな彼が店をやるようになってから、体を鍛え、ヒゲを貯え、みるみるうちに「エロい兄貴」になっていきました。

ゲンちゃんにとって、僕との生活は「結婚を守り続ける人生」に失敗したという思いからの敗者復活戦でした。「エロい兄貴」になるのは、その戦いに於いて大事な自己実現だったのです。

そして、僕のゲンちゃんに対するスタンスは、基本的に「完全肯定」です。

「もう一つの人生」なのだから、楽しく生きてほしい、自分を肯定して、やりたいことをやってほしい、僕は、それを応援していくね、というものです。

そうは言っても、ゲンちゃんに「Gメンのモデル頼まれたんだけど、やっていい？」と聞かれた時には「おう、今度はこう来たか！」と戸惑いました。正直言って、自分のパートナーの裸を他人の目に曝すのは抵抗があったのです。

「できたらやめてほしい」という気持ちと「自己実現は応援したい」という思いがぶつかり合いましたが、結局「応援したい」が勝ちました。

もしガンガンに鍛えて、人に見せたいほどのセクシーな体になれたとしたら、僕だってモデルをやりたいって思うんじゃないの？と自問したら、「やめてほしい」という気持ちはすごすごと消えていったのです。

付き合いにおける葛藤には、「自分ならしない」っていう価値観と、「相手がやることは応援したい」という思いがぶつかる、というのがあります。

そんな時に、僕が試みるのは、自分の気持ちの中に隠れている「それをやりたいと思っている自分」を見つけ出して、状況さえ変われば自分だってやりたくなるんじゃないの？と自問することです。そうやってみると、確固とした価値観のつもりでいたものが、「どうせ自分にはできない、だから自分ならしない」という自己否定に縛られていただけ、と気付くことも多々あるのです。

このやり方で、僕はゲンちゃんとの暮らしの中で生まれる葛藤の多くを処理してきました。面白いのは、こうやって考えてみると、「どんなに考えても、それだけはしない」ということは、そう沢山はないものなんですね。

でも、一度、かなりの難問にぶつかったことがありました。

「なんでもできると思っているみたいだけど、これはどうよ？」って、神様に意地悪されたような難問でした。

ある日、ゲンちゃんから突然言われました。

「フィストファックをやるプライベートなクラブがあるんだって。そこに行ってみたいんだけど、いい？」って。

フィストファック？　選りに選って、こう来たか……。

フィストファックとは、握りこぶしを膣や肛門に入れて楽しむ「究極のセックス」です。僕もポルノビデオとかでしか見たことはありませんが、ゲンちゃんは前から、それにものすごく興味があったのだそうです。インターネットでいろいろ調べていたら、初心者でも安心して楽しめるクラブを見つけたんだそうです。まずはフィストをする側を試してみたいとか。

僕は、かなり躊躇しながらも「いいよ」と言いました。でも、そう言いながら頭の中は真っ白でした。どう反応していいのかわからなかったのです。

ま、ひとまずオーケーを出して、後で考えようっていう緊急避難的対応です。

ゲンちゃんは「やった！」って感じで嬉しそうでしたけど……。

もし、ゲンちゃんに「誰それとセックスしたいんだけど、いい？」と聞かれてたら、それはやめてほしいと言ったと思います。僕は、自分たちの関係を第三者とのセックスまで許し合うものにはしたくなかったのです。

だけどフィストファックはどうなの？

僕の感覚では、フィストファックはセックスの概念を越えていて、判断できなかったのです。こればかりは「僕とすればいいじゃない！」とは言えば済むような問題ではないし……。

前にも話しましたが、僕とゲンちゃんの間ではセックス問題は棚上げ状態だったのです。ヤスオの時には、セックス問題を無視したせいで、あんなひどいことになってしまったという思いがあります。それと比べれば、ゲンちゃんが正直に気持ちを話してくれたことは僕にとって嬉しいとさえ思えたのです。

二人の間に問題がないフリをしているより、その問題を共有してタブー視しないやり方をしている方が誠実な関係です。

ま、いいか……。そんな結論になりました。

秘密クラブに行ってきたゲンちゃんからは、早速、体験リポートがありました。それは予想していたものとは違っていました。

「まるでタックスノットって感じだった」とゲンちゃん。

どういう意味？

その日は、入れられたい人が来なくて、入れたい客が二人のみだったので、話だけだったようです。

「最初にマスターが僕らに向かって、フィストファックについて、いろいろ講義するんだよ」

直腸がどんな働きをしているか、どこが快感に繋がっているか、何が危険なのか、どうすれば危険を回避できるのか、をじっくり話すんだそうです。

「入れる人と入れられる人の間に信頼関係がないと、絶対ダメなんだって。真剣に語ってるマスターは、パートナーシップの話をしているタックそのものって感じだったんだよ」

そうなんだ。いつの間にか、ヨガの話でも聞いている気分になってきました。

フィストを入れられる人があまり経験のない場合、何かの拍子に恐怖を感じてしまうことがある。そうなると事故に繋がりやすくなるので、常にこちらを信頼してもらい、リラックスさせなければいけない。そのためにも、入れる方はいつも相手の様子を注意深く観察しながら、先に進むべきか否かを判断しなくてはいけない。そんな説明でした。

夢中で話すゲンちゃんの言葉を聞きながら、僕はふっと思いました。「確かにパートナーシップと共通してる部分がある……」って。

ゲンちゃんは、ひとしきり説明をすると、今度は実際に誰かの肛門にフィストを入れてみたいんだと言いながら、にっこりしました。

僕は、彼の話が終わると、こんな風に話しました。

「僕は、ゲンちゃんがやりたいっていうことは、基本的に受け入れようとしてきたよね。割と楽に受け入れられることもあれば、けっこうシンドイと思うこともあるわけ。今度のフィストファックは、けっこうギリギリの気持ちで受け入れてるの。フィストファックの極意じゃないけど、僕の反応や様子をいつも注意深く見ていてね。ゲンちゃんが僕の反応に無関心だとわかったら、僕の心も壊れてしまうかもしれないんだからね」

ゲンちゃんは、僕の真意を計りかねるような表情をしながらも、「わかった」と言ってくれました。

しばらくして、最近はフィストの話とかしないなと思い、クラブには行ってるの?と聞いてみると、「あれから一度行ったけど、もう、飽きちゃった。だから行ってない」との答え。

あんなに熱く語っていたのに、もう飽きたなんてヘンだな……。

それは、ゲンちゃんなりに、僕の反応に関心を払ってくれた結果だったのかもしれない。僕にはそんな風に思えました。

僕の言葉が功を奏したってわけではないでしょうが、この「フィスト事件」の頃から、僕たちの関係は次のステージに進んだ感じがしたのです。

ゲンちゃんが大きく変化し始めたのです。

ゲンちゃんは僕に対して「ここまで自分の味方でいようとする人間はいない。大事にしなくちゃ」と思ってくれている——僕は、毎日の生活の中で、そう感じることが多くなってきました。

僕が語る迷いや不安に対して、ゲンちゃんは常に僕の味方という立場で反応してくれるし、僕に対して怒りをぶつけることが全くなくなってきたのです。

何かが僕のところに返ってきている。僕の方から出たのと同じものが、ゲンちゃんの方からも返ってきている。そんな感覚がするようになったのです。

ゲンちゃんの口からはこんな言葉も出るようになってきました。

「僕はタックに守ってもらってるんだよね。ホントに感謝してる」って！

自分の方ばかりで動いているつもりだったけど、いつの間にか、山の方も動き出していたのでした。

34

関係を揺るがすもの

物事がうまく進んでいる時に感じる感覚っていうのがあります。

ゲンちゃんとの関係がうまく軌道に乗り、良い感じで進んでいるという感覚は、カズとうまくいっている時と同じ感覚でした。

相手がいてくれることで、自分が「自分」でいられる。相手がいることで、自分の能力が充分に発揮できる。自分たちが一つのチームとして最高の組み合わせだって思える。二人で立ち向かえば怖いものはないという感じ。

全能感とでも言うのでしょうか、僕はゲンちゃんとの間にそんな感覚を持てるようになりました。それは、相手に大事にされている、自分のありようを受け入れてもらえている、そんな思いに裏打ちされた心強い感覚です。

よかった、ゲンちゃんとも、ここまで辿り着けた……。

ゲンちゃんも、きっと同じように感じてくれていたことだと思います。

『ゲンパパ』は大繁盛し、二丁目では名物店（?）の一つになっていました。

毎年開く周年パーティーは、ゲンちゃんの格好の自己実現の場。ゲンちゃんは、「エロい兄貴になる」を通り越して、前回は日本のお祭り野郎をやったから、今回はインディアンの勇者をやる、なんて感じでコスプレ系へとシフトしていました。通常「兄貴」を自認するゲイは避ける、女装も平気でレパートリーに入ってきて、もうなんでもありです。

六周年では、ニューハーフの店を借り切って、四十分ほどの女装ショーをメインイベントとして企画。友人たちに助っ人を頼み、衣裳もメークもダンスもコントも手を抜かずに仕上げ、プロ並みの出来上がりになっていました。

僕もこのパーティーでは記録係としてビデオ撮影を担当しましたが、そのビデオを見ると、この時のゲンちゃんは実に輝いていて、この世に敵なしといった勢いが感じられます。

僕自身の自己実現も果たせました。

初めての著作『二丁目からウロコ』（翔泳社）を出版したのが、ゲンちゃんとの二周年の頃。この本では、二丁目という切り口でゲイに関する考えを展開しました。

そして、七年ぶりの個展を開いたのが四周年の年。この個展では、初めて自分のセクシャリティをテーマに選びました。

また、その翌年からはゲイ雑誌『バディ』で男同士のパートナーシップに関する連載を開始。これはリニューアルを繰り返しながら、その後、十年続く連載となりました。

それに、ゲイとレズビアンを主体としたスクエアダンス・サークルの立ち上げに参加し、運営にのめり込んでいったのも、この頃でした。

自分の好きなこと、自分にとって大事なこと、自分がコダワリ続けてきたこと——そういう、自分の中にバラバラに存在していたいろいろな要素が、「ゲイであること」というキーワードを中心に、結びつき、絡み合い、影響し合いながら、いくつもの実を結ぶようになってきたのです。

これには、九十年代に入ってから始まった、いわゆる「ゲイ・ブーム」の影響を受けて、自分を受け入れて生きていこうとするゲイの人たちの数が、以前とは比べものにならないほど増えたということと関連があります。

僕の自己実現は、そういうゲイの社会状況ともリンクしているのでした。

二〇〇〇年までは順調でした。

だけど、暦が二十一世紀に変わったとたん、僕たちの生活に思いがけない出来事が続いて起こるようになりました。

年明け早々に、僕を育ててくれた母の死後に生まれ故郷の韓国へ帰り、静かに余生を送っているはずの父親が、突然僕たちのアパートに転がり込んできたのです。覚えてます？　そう、あの王様です！　着の身着のまま、全くの無一文、どうやら認知症も進行しているようです。一体何が起こったのか、まともに説明もできない父親。

すったもんだの揚げ句に、特別養護老人ホームに受け入れてもらって、なんとか共倒れにならずに済みました。しかし、これは単に前奏曲でしかありませんでした。

今度は、僕に脳腫瘍が見つかったのです。冗談でしょ……って感じです。

この年、僕は五十三歳。まさに親の介護や自分自身の健康問題に立ち向かわなければならない年代に突入していたのでした。

幸い、摘出手術は成功し、術後の経過も問題なかったので、ほっとして退院したところで、父親が亡くなりました。

僕と父親は何十年も最悪の関係でした。僕は愛憎半ばする思いをずっと抱き続け、関わりを持たないことで、関係が緊張するのを避けていたのです。

そんな関係の父親であっても、やはり逝ってしまえば、いろいろな思いが湧き上がってきます。僕が「長く続く親密な関係」にこれほどこだわるのも、彼という反面教師がいたからでもあります。ある意味で、僕の人生に最も大きな影響を与えた人間の死でした。

しかし、彼の死に対して感傷的になっている暇もなく、僕とゲンちゃんの関係を揺るがす大きな出来事がやってきました。それは一種の津波でした。

この年、ゲンちゃんの父方のお祖母様が亡くなったのですが、それが思いもかけない大きな波を生み、僕たちが生活する岸辺にまで届きました。

莫大な遺産をゲンちゃんが相続することになったのです。

それはゲンちゃんには寝耳に水のことでした。

ゲンちゃんの父方のお祖父様は一代で莫大な財を成した人でした。一年ほど前にそのお祖父様が亡くなり、その遺産がどこにどう流れるかは、いろいろな人の思惑を産み、大きな渦になっていたようです。この手の話には付きものの婚外の子供たちが、お祖父様の死後に雨後の筍のように出現してきたからです。

誰が相続すべきかを争ういくつもの裁判の結果、連れ合いであったお祖母様に全ての財産が受け継がれ、そのお祖母様の死によって、ゲンちゃんという孫に遺産が流れてきたのです。

ただ、ゲンちゃんは、その詳細を全く知らされていませんでした。

その昔、ゲンちゃんのお父様が亡くなった時に、ゲンちゃんのお母様は相続放棄を求められた苦い経験があり、それ以来ゲンちゃんたちは、お父様の親戚筋とはあまり関わりを持たないように生きてきたからです。ややこしい話でわかりにくいと思うのですが、ともかく、ゲンちゃんは全く思いがけなく莫大な遺産を相続することになったというわけです。

これだけ聞くとラッキーな話のようですが、その遺産の規模の大きさには、それまでつましく生きてきた人間の人生を狂わすほどの恐ろしさがありました。

平均的なサラリーマンが一生に稼げる金額をいくつも継ぎ足してやっと到達できるような額なのです。

また、それだけの遺産を相続するということは、「家」とか「家系」というシステムの中に組み込まれるということでもあります。それまで自由に生きてきたゲンちゃんは、これからはその遺産をゲンちゃんに渡すべく骨を折ってきた父方の親戚筋の人たちの考え方や想定を、無視しては生きられなくなったということを意味するのでした。

ゲンちゃんには強いストレスが掛かってきました。次々と決断をしなければならないのです。奇しくもゲンちゃんは不惑、四十歳です。惑ってはいられないのです。

ゲンちゃんのお母様も、父方の親戚筋の人たちも、遺産を相続したことでゲンちゃんが金銭的なトラブルに巻き込まれることをとても心配していて、まずは安全な形で落ちついて欲しいと思ったようです。

そこで『ゲンパパ』を閉店することにしました。「飲み屋」をやっていることには、どうしても「心配」の種が尽きないからです。それにもう働かなくても困ることはないのです。

次に、家を買って落ち着かなければなりません。それも相続した財産に見合うような物件でなければなりません。ゆくゆくはゲンちゃんの子供たちへと相続させる財産の一部なのですから。

その流れの中で、僕という存在は難しいものになってしまいました。ゲンちゃんの人生のどこにも組み込んでもらえないのです。この時、僕は自分の社会的立場というものがどういうものか思い知らされました。

結局、僕たちは別居することになりました。もちろん、それは僕にとって本意ではありませんでしたが、ゲンちゃんの立場を考えると、それ以外に丸く収める方法はないように思えたのです。

僕にとって同居は、生活と人生を共有するという大きな意味合いを持っているものでした。僕にはパートナーシップの基礎とも言うべきものなのです。それを奪われて、やっていけるかどうかは自信がありませんでしたが、決めた以上はやるしかありません。

やれるところまでやってみよう……。

大きな不安を感じながらも、そう自分に言い聞かせ、新しい現実に立ち向かっていくことにしました。


しかし、その新しい現実は、やはり思ったよりもずっと手強いものでした。

僕は、ゲンちゃんの勧めと援助もあって、小さな中古マンションを手に入れて一人住まいを始めました。

それと同時期に、ゲンちゃんは新宿に新しく立った高層マンションを購入し、そこに引越ししていきました。

ゲンちゃんの新しい住まいは、親しいインテリアデザイナーとの綿密な打ち合わせを経て、隅々にまでゲンちゃんの好みが反映された美しいものでした。

それはあたかもニューヨークの高級ブティーク・ホテルのスイートルームのような品格とテクスチャーを持った仕上がりです。三十二階からの眺めは、新宿高層ビル群が立ち並ぶ大パノラマで、その夜景は見た人に小さな叫び声を上げさせるほどの迫力があります。

何もかもが完璧でした。

ただ、その完璧な空間の中に、僕の居場所はありませんでした。

僕はゲンちゃんの人生から完全に切り離されてしまっていました。

そして、なによりも悲しいのは、その辛い思いをゲンちゃんに伝える気力が、湧いてこないことでした。

やはり、この津波は、僕たちを繋いでいた最も大事な何かを壊してしまっていたようです。

それでも僕は、一週間に一度、ゲンちゃんのマンションに食事を作りに行って一緒に食べることを決め、それを守り続けることで、なんとか関係を保っていこうと務めました。

関係さえ続けていれば、いつかまた新しい絆を作り上げることができるかもしれない……。その可能性だけが頼みの綱でした。

35

最も核の部分のものを賞賛してくれる人

突然、ゲンちゃんが脳梗塞に襲われました。

二人が別々に暮らし始めて四ヶ月ほど経った頃でした。

幸いにも麻痺は残りませんでしたが、視野の三分の一が失われてしまいました。店をやっていた時には、定期的に健康診断を受けていて、特別悪いところなど見つからなかったのに……。本当に人生は何が起こるかわかりません。

リハビリの生活が始まりました。失われた視野は戻らないという診断だったので、残りの視野を使っての生活に慣れていかなければならないのです。

外出に不安が伴うので、食事は家でとらなければなりません。僕はゲンちゃんのマンションに泊まり込んで食事の支度をすることにしました。二つのマンションを股にかける変則的な形ながら、また一緒の生活が始まりました。

正直に言えば、僕はこの時、ゲンちゃんとの関係を立て直せるかもしれないと小さな期待を抱いていたのです。ゲンちゃんとの始まりの頃も、食事の支度は僕と彼を繋ぐ強力な武器だったな、なんて思い出したりしながら。

ゲンちゃんは、最初、残りの視野での生活に苦労していましたが、徐々に適応していきました。外出も、初めての場所は誰かが一緒でないと不安そうでしたが、病院など慣れた場所へなら、一人で行動できるようになりました。

ゲンちゃんには閉じこもってほしくなかったので、休みの日にはできるだけ二人で外出をするようにしました。お陰で、いろんなところに行きました。

桜、バラ、あじさい、ラベンダー、それぞれの見頃にはその名所に行ったり、遠くの植物園や美術館にも足を伸ばしました。なんだか定年退職後の老夫婦の関係みたい……。そんな思いに苦笑してしまうこともありました。

ゲンちゃんはみるみる元気を取り戻していきました。外からは、視野に障害があるとはわからないほど、前と同じように動けるようになったのです。

発作が起きて四ヶ月後、ゲンちゃんは一人で旅行に行けるくらいに「回復」したのです。ゲンちゃんは、なんとか、この災難を乗り切ってくれたようです。

ゲンちゃんが元気を取り戻していく一方、僕の方は一人になると考え込んでしまうようになりました。ゲストルームのベッドの上に寝転んで、天井を見上げていると、直視しないようにしている様々な事柄が浮かんできます。

僕は、やっぱり、ゲストでしかない……。そう考えると自分の宙ぶらりんの状態が否応なしに見えてきます。あの津波は確実に僕たちの関係を変えてしまいました。二人が協力して何かを作っている感じがしないのです。「僕たちは一つのチーム!」という感覚を持てなくなっているのです。

だけど、ゲンちゃんに何が言えるでしょう。彼だって、新しい人生に適応して生きるのに精一杯です。これではいけないのはわかるけど、どうすればいいかわからない。とにかく、どうにかしようという気力が湧いてこないのです。

進むことも退くこともできない宙ぶらりんなままの気持ち……。

僕がシンジに出会ったのは、こんな時でした。

シンジは、ホームページを見て、店にきてくれたお客さんでした。

年は三十二歳。福祉施設で保育士として働くかたわら、社会人入試を経て入学した多摩美で演劇専攻の学生もしているというユニークな人間でした。

黄色に見えるほど茶髪にした、少し長めの髪がハンチングの下から見えています。二丁目には珍しいタイプだけど、かわいい子……。それが第一印象でした。

ホームページに載っていた僕の作品を気に入ってくれたようで、どれだけ感動したかを話してくれました。こんなステキな作品を作る人はどんな人なんだろうと思って、この店に来たのだと言うのです。

その語り口には、僕の作品に恋をしているような感じがありました。

「じゃ家に作品を見においでよ」とメールアドレスを教えてもらいました。

自分でも気付かずに渇望していたのです、自分を癒してくれる甘いものを。

父親をめぐる葛藤、脳腫瘍の摘出手術、父親の死、ゲンちゃんとの別居、そして疎外感――次々にやってきた苦い出来事に消耗し切っていました。

そんな時に、僕にとって最も核の部分にある、最後の砦のような自分の作品世界を手放しで賞賛してくれる人が現れたのです。

酔ったような気分でした。シンジは僕を、作家としてだけではなく、恋愛対象としても興味を持ってくれているかも……と勝手な期待を膨らませてしまったのでした。浮気でも、遊びでもいい。とにかく今は甘いものが欲しい。

そんな気持ちが僕の中に生まれていました。

僕のマンションは、至る所に僕の作品が飾ってあり、まるで私設ギャラリーといった雰囲気でした。そこにシンジはやってきました。

作品を見せ、作品の背景を説明し、物作りに対する思いなどを語った後、僕はキスを迫りました。彼は嫌がりませんでしたが、それ以上は「付き合っている相手がいる人とはセックスはしません」とクギを刺されました。

その日はそれだけで終わったのです。

帰っていった直後にメールがあり、そこには「今日は楽しかったです！　図々しくもまた遊びに行きます」と書いてありました。

それを読んだ僕は、シンジは完全に拒否したわけではないと解釈しました。

それからは、理由を見つけては、シンジを誘い出しました。新宿御苑散策、面白そうな展覧会、カントリーダンス講習会、ゲイ&レズビアン・パレード……。

そして、二人きりになれば、とにかく話をしました。

二人は会話の波長が合うタイプでした。言葉に対する感覚が似ていて、相手に的確に言葉を打ち返せるのです。何を話しても、言葉が紡ぎ出されて、話が尽きません。まるでテニスのラリーが気持ち良く続いているようでした。

幼少期の思い出、家族のこと、人生観、自己表現の夢、仕事にかける思い、好きな食べ物、男のタイプ、マスターベーション・ファンタジーと、堅いものから柔らかいものまで話題は多岐にわたり、いつも時間は足りませんでした。

足りないから、また会って話したくなる……。それは、楽しいデートでした。

「セックスはしていないんだから」という言い訳を免罪符にして、僕は彼との時間を貪るように楽しんでいました。

シンジと話をしているうちに、シンジの人となりが見えてきました。

小さい頃から子供好きだった彼は、早く結婚して何人もの子供を育てる家庭を持つだろうと考えていたようでした。しかし、高校の時に男の子に恋をして、自分のセクシャリティと否応なしに向き合うことになります。

この時に、彼は家庭を持つことを諦め、一人で生きていく覚悟を決めたそうです。シンジは僕より二十四歳も年下ですが、新しい世代の彼にとっても「ゲイであること」からは、そんな選択肢しか考えられなかったのです。

情報がないのだから当然とも言えますが、男同士での幸せなんてイメージさえできなかったのかと思うと、僕は胸が痛くなりました。

彼はすぐに親しいクラスメートにカミングアウトをしたそうです。隠し立てをして、それを弱点のように思うのだけは嫌だったから、という説明でした。

彼は保育士を目指しました。大好きな子供と関われる仕事だし、人生を一人で生きていくには資格を取っておくことは大事なことだと思ったからです。

保育士専門学校を卒業後、福祉施設に就職。

その職場でも彼は自分のセクシャリティを隠しませんでした。誰ともセックスもしたことがなく、ゲイのコミュニティさえ知らないのに……。彼は、ゲイライフを持たないままカミングアウトしていたのです。

これは彼のキャラクターをよく表しています。自分には「後ろ指さされることは何一つない」という自尊心が、彼にとって非常に重要なものなのです。

その後、就職して何年か経って、何人かのゲイの人とセックスも含めて関わりを持つことができました。

だけどそれは悲惨な経験だったようです。相手に恵まれず、次々に現れるゲイは最悪のケースばかり。不幸自慢のネタのように、明るく話してくれたから聞いているこちらも笑えたけど、よく人間不信にならなかったと感心するような内容でした。

それでも、どこか諦めきれず、居心地の良い場所もあるはずだと期待して、あちこち試しているうちに、やっとタックスノットに辿り着いたのです。

恋愛感情とは、相手の上にこちらの都合のいいファンタジーを投影して、その像に対して夢中になっていくものです。その仕組みが頭ではわかっていても、恋愛感情が動き出すと、リアルなものにしか思えなくなります。よく言う「魔法にかかったようだ」という陳腐な表現は、実に的を射た言い方なのです。

この段階で、僕の、シンジに対する恋愛感情は動き始めていたようです。

ゲイにもいろいろな人がいる、ゲイだから一人で生きなければならないなんてことはない、男同士でも信頼に基づいた永続的な関係だってある、と熱弁を振るいました。シンジが道に迷った愛しい子羊のように思えてしまったのです。

僕の話を聞いた後で、彼はこう言いました。

「大塚さんは、僕が昔に諦めてしまった幸せに向かって頑張り続けているんですね。すごいなぁ……」

その表情には、淋しさが混じっているように見えました。

僕は、彼があまりに愛おしく感じられ、抱きしめたいと思う気持ちを抑えるのに精一杯で、何も言えなくなってしまいました。

36

経験を総動員して

関係は長ければ長いほどいい。

男同士の関係が長く続いているのは、そこには関係を続かせているクオリティが備わっているはずだから。僕はずっとそう思ってきました。

確かにゲンちゃんとの関係は続いていました。でも、そこには僕が求めているクオリティは失われていました。お互いの人生を関わらせて、あたかも一つのチームのような感覚で生きていく。それが、僕の思う「付き合うということ」です。僕とゲンちゃんは、お互い相手を大事にしていましたが、すでに一つのチームではありませんでした。お互いの領域に踏み込まずに、いたわり合って付き合いを続けているといった感じです。当たらず障らず……。悲しいけれど、それがお互いのスタンスでした。

一方で、シンジにどんどん引き寄せられていく自分がいました。

話をすればするほど、理解し合う快感がありました。そこには信頼関係が小さな芽を出している気さえしました。それに、二十四歳も離れているのに、それを意識しないで話せることが大きな喜びでした。

でもシンジにとって、僕との関係は本来深入りすべきものではありません。

ある時、僕は、シンジに惹かれていく自分の気持ちを正直に話し、一歩踏み込んだ質問をしました。僕のことをどう思っているのか聞かせて欲しいと。

「大塚さんと一緒にいて、いろんな話をしているのは誰と一緒にいるよりも楽しいけど、ゲンさんとの関係を壊したいとは思ってはいないので、気持ちをこれ以上のものにしようとは思っていません」

きっぱりと、シンプルな答えでした。

ゲンちゃんとは付き合い始めてすでに九年、翌年には楽しみにしていた十周年がやってきます。シンジへの気持ちを吹っ切れれば、ゲンちゃんとの静かな生活に戻れるでしょう。続けていれば、新たな段階へと関係が変化していく可能性だってないとは言えません。

片や、シンジとは出会って三ヶ月。恋愛感情がシンジの魅力をことさら膨らませている可能性は大きいでしょう。もし付き合ってくれたとしても、どんな結果が待っているかは誰にもわからないのです。リスクの大きい賭け。

でも、どんなに結果になろうとも、やれるところまではやってみたい、その結果を見極めてみたい、とも思うのです。

進むのか、留まるのか。僕はこの時、五十四歳。ハムレットの父親くらいの年齢だというのに、悩み続けていました。

だけど、二人の人間を天秤にかけるなんて、自分がされたら一番不愉快なことです。早急に結論を出すべきなのだと思いました。


ゲンちゃんに全てを話し、パートナーシップを解消したいと伝えました。

話しながら、ゲンちゃんに対する申し訳なさ、関係を守りきれなかった挫折感、最後通牒を突き付けるようなことをしている自分の情けなさ、様々な思いがこみ上げてきて涙が止まりませんでした。

ゲンちゃんはとにかく静かに話を聞いてくれて、こう言ってくれました。

「今まで充分過ぎるものを貰ってきたから、タックが幸せになることなら応援するよ」

きっとショックを受けただろうし、無念さもあったと思いますが、ゲンちゃんは、これからもいろいろと話していける関係でいたいとまで言ってくれました。

僕はゲンちゃんの申し出を心からありがたいと思いました。

こうして、九年にわたる僕とゲンちゃんのパートナーシップは、静かな終わりを迎えたのでした。

カズとは十一年、ゲンちゃんとは九年。カズとの長さを越えられるかどうか、そんなことをいつも意識していた僕でした。

結局は越えられなかった……。

関係は長いだけではだめだと思い知った後でも、未練がましい思いは気持ちの奥底に残っていました。だけど、もう前に進むしかありません。シンジに付き合って欲しいと言うために決断したのですから。

シンジに事の次第を話し、付き合って欲しいとプロポーズしました。

手放しで喜ぶとは思っていませんでしたが、彼の反応は予想していたものよりもずっと重く複雑なものでした。自分が原因となって、ゲンちゃんを傷つけてしまったことにショックを受けていました。

そして、抜き差しならない状況に追い込まれてしまったという正直な反応も顔に表れていました。それに一人で勝手に決断してしまった僕に対する小さな怒りのような雰囲気も感じました。

一番期待していた「問題はある行動だけど、自分を選んでくれた」という嬉しさのようなものは、表情や言葉の中に見え隠れしながらも、すぐに他の感情の渦に紛れてしまうのでした。彼は戸惑っていました。まさかこういう展開になるとは想像していなかったのでしょう。

ゲンちゃんと別れたのは僕の勝手な行動なので、それは考慮せずに、僕と付き合っていく気持ちがあるかどうかだけを考えてほしいと言うと、シンジは「僕なんかでよければ、付き合っていきます」と言ってくれました。

この状況で、この申し出を断るなんてできなかったとも言えるでしょう。ずっと後になって、シンジはこの日を振り返って、「大塚さんはちょっとズルいと思った」と苦笑いしていました。

確かに僕はズルかったのかも知れません。九年も付き合ったゲンちゃんと思い切って別れたという行動で、自分の本気度を示せば、シンジだって軽い対応はできないだろうと、考えなかったわけではないのです。手段を選ばずとまでは言いませんが、多少ズルかろうと、使えるものはなんでも使おう……ぐらいのことは考えていました。そうしてでも、この関係をスタートさせたいと思っていたのです。失敗したら、もう次なんてないのだ……。焦りにも似た緊張が押し寄せてきて、肩の辺りがカチカチになる感じでした。

こうやって僕とシンジは新しい関係を始めたのでした。


実際に付き合いを始めてみると、二人が立っている地点の距離は、思っていたよりもずっと遠いものでした。それは、楽しい会話の積み重ねだけからは見えてこなかった「現実」であり、本音をぶつけ合っていく過程で初めて計ることができた「距離」でした。

シンジは昼間の仕事をしながら夜に多摩美に通っていました。翌年卒業年度に入る彼は、一年後に自分で書いた脚本で芝居を一本公演する予定でした。演劇を専攻していたので、それが卒業制作になるわけです。朝は六時に起き、人より一時間早く出勤し、毎日一時間の休みをとる形で退勤、それから多摩美に行き、授業、そして公演のための練習、終わって家に帰ると十一時近く、という超人的なスケジュールで生活していました。

土、日はいくらかゆとりがあるのですが、寝溜めして、週日にできなかった用事を済ませ、公演のための打ち合わせなどをこなすと、あっという間に休みは終わりです。ゆとりがある時に僕に会おうとしていたら、一ヶ月に一度か二度くらいしかチャンスは巡って来ないのです。

僕がシンジと出会った頃はちょうど夏休みの最中で、この数年で最も時間にゆとりがあった時期だったようです。

僕に言わせれば、付き合い始めの時期にできるだけ多くの時間を共有するのは、何にも増して重要なこと。共有する時間の中で、楽しいことも、意見の違いの調整などのしんどいことも、うまく混ぜ合わせて運んでいけるからです。

だけど、僕も店があり、時間が合うのは土日の午後くらいしかありません。勢い、シンジは常に無理をして僕と会う時間をひねり出すことになり、僕は常に時間がないことに不満と不安を感じ続けることになります。

形としては「努力しているのに……」というシンジの本音と「時間が足りなさすぎる……」という僕の本音が、いつもぶつかり合うことになるのです。

問題はそれだけではありませんでした。セックスの問題です（またか！　きっと呪われてるに違いない……）。シンジは僕とセックスをしたがらないのです。

彼が告白してくれたことには、実はセックスは誰が相手でも苦手なのだそうです。ある意味で苦痛だとも思えるそうです。そ、そんな……。

基本的に、他人に体を接触されると、居心地の悪い感覚になって落ち着かないのだそうです。これではセックスどころか、キスもハグもできない……。セックスを重要視しない僕でも目が点になりました。

本当なの？　僕としたくないからじゃないの？　疑心暗鬼になります。

そこで、僕は同居の提案をしました。同居すれば、会うための時間を作る必要もなく、一日にほんの少しの時間でも共有できれば、その積み重ねは長い時間にもなるのだからと。

僕にとって同居はパートナーシップの基本です。いつかは同居を、とは考えていましたが、この状況ではすぐに始めなければ、関係作りもままなりません。

だけどシンジは、同居には反対でした。彼は一人で生きていこうと決心して以来、依存し合う関係を否定的に捉えるようになっていたのです。同居は、自立心を損なうと考えているようです。そして、その考え方でずっと生き続けてきた自分に対する自負なのか、頑なほど意見を譲りませんでした。

八方塞がりです。こんなことでやっていけるのだろうか。

長い間、なりを潜めていた不安症も甦ってきて、僕を悩ますようになります。

手も足も出ない感覚……。僕は途方に暮れる思いがしました。


でも、ここで諦めたら、ゲンちゃんと別れた意味がなくなります。

パートナーシップの経験を活かして、挑戦するしか手だてはないのです。今まで積み上げてきた自分の真価が問われる時……。

全てのエネルギーをかけて、やれることはなんでもやってみよう。

果てしなく続く急な登り道を前に、気持ちを奮い立たせながらそう自分に言い聞かせている僕は、もうすぐ五十五歳になろうとしていました。

第四講

辿り着いた「二人で生きる」

37

現在の僕の暮らし

幸せを感じる瞬間は、人によって違うでしょうが、僕の場合、パートナーと家で食事をした後、のんびりした時間の中で、突然やってくるのです。

脳腫瘍の摘出手術を経験したり、ゲンちゃんの脳梗塞や友人たちの大きな病気を身近に感じてからは、毎日お通じがあるとか、普通に歩けるとか、ご飯がおいしく食べられるとかだけでも「ありがたい」と思うのですが、幸せを感じるのは、パートナーと家の中でゆったりしている時なのです。

それは、感情が浮き立つような喜びとは違う、あまりにも静かな感覚です。いろいろなものが混ざり合って醸し出される何か……香りのようなものとでも言えばいいのでしょうか。すでに包まれていた何かに、ふっと気付く感じです。

カズとの生活でも、ゲンちゃんとの生活でも、僕はそういう幸せを感じる瞬間を持っていました。それが持てたというのは、二人の関係がうまくいっていたという証でもあったのでしょう。

僕の幸せは、常に、人生を共に生きてくれている人との関係がうまく機能しているということに関わっています。逆に言えば、僕にとってパートナーシップは、人生の中でそれほど大事なものなのです。

幼い時に刷り込まれた、おとぎ話の中の「二人はいつまでも、いつまでも幸せに暮らしました」というメッセージがこんな歳になっても生き続けているのですから、空恐ろしいとも言えますが……。

今、この本を書いている現在、僕はシンジと一緒に暮らしています。暮らし始めて六年、ゲンちゃんとパートナーシップを解消してから七年経ちました。

シンジは今三十八歳、僕は六十一歳になりました。

ありがたいことに、彼との暮らしの中で、僕は幾度となく幸せを感じる瞬間を持てています。良い関係がちゃんと機能しているのです。感無量です。

あの八方塞がりの状態から、ここまでなんとか辿り着けたというわけです。

どうやってあの状態からここにまで来られたのかという経緯は、これから書いていくつもりですが、ひとまず僕たちの現在の暮らしぶりを先に知っておいていただこうかと思います。

僕が住んでいる2LDKのマンションに、シンジに来てもらう形で同居が始まり、現在に至っています。僕のアトリエも兼ねている住居なので、生活空間はちょっと狭く、シンジ専用の部屋はありません。働いている時間帯が違うのを活かして、同じ空間を住み分けているので、問題はないようです。彼は昼間の仕事、僕は夜の仕事なので家にいる時間帯があまり重ならないのです。

僕が店から帰ってくるのが朝の四時くらい。六時にはシンジを起こして、一緒にお茶を飲んで少し話をします。その後、彼が出勤。僕は寝ます。

僕が午後二時くらいに起きて、時間を過ごしていると七時くらいにシンジが帰ってきます。店に出る日だと、そのまま入れ違いに僕が家を出ます。

僕が休みの日だと、家で一緒に食事ということになります。

食事を作るのは交代制です。シンジは実家では家族の食事係をしていたくらいで、食事の支度は得意なのです。二人とも食事の支度ができるというのはありがたいですね。何かの用ができて、食事の支度ができなくても相手の食事の心配をしなくてもいいのですから。

面白いのは、料理担当だった経験のある人間は、人に食事を作ってもらえることをありがたがる傾向があるようで、ウチでは、食事担当だった相手には感謝しまくって食べています。これは実に麗しい光景です！ただ食べ物の好みが見事に合わないので、その調整は気の抜けない作業です。冷蔵庫のドアには二人の好き嫌いの長いリストが貼ってあります。ただ、かなりの品目が羅列してあるので、未だにお互いの好みを完全には把握できていません。それでも基本の覚え方はあります。「自分の大好物は相手の苦手なもの」です。お陰で、それぞれが一番得意なものは作れないのですが、相手が喜ぶもので自分も食べられるものを見つけるのは、ゲームのようで面白いものです。

さて、後片付けは、その日食事の支度をしなかった方がします。

僕は今でも「ドイツの主婦」が苦手で、シンクは汚れ物の山になりますが、シンジは受け入れてくれています。もちろん、エピソードは話してあるので、彼も「ドイツの主婦……」とかつぶやいて洗い物をしたりしています。

理屈ではなく、不得意というか、嫌いな家事って誰にだってあるものです。

シンジは掃除と洗濯がダメです。シンジがやる気を出すまで待っているとストレスが溜まってしまうので、その二つは僕がやるようにしています。

助かるのは、双方が苦手な分野なので神経質にならずにやれることです。僕は最低限片付いていればいいという方針です。部屋が散らかっても放っておくと、突然シンジが掃除を始めることもあるので、それも面白いですね。

僕たちは最初の頃から会話の波長が合っていたことは前にお話ししました。それは今でも最大の楽しみであり、二人を繋ぐ一番強力な絆でもあります。

食事の後片付けも終わって、寝るまでのゆったりした時間はおしゃべりタイムです。今日の報告から始まり、職場の人間関係、店での面白事件、通勤中に見た奇妙な人の話、幼い頃の話、最近読んだ本の内容、友人カップルの話題、ゲイの社会的立場……と、次々にトピックを変えながら会話が進んでいきます。最近では、この本の執筆のお陰で、パートナーシップもよく話題に上ります。

僕が書くものの最初の読者はシンジですし、作り出す絵やオブジェの最初の鑑賞者もシンジです。逆に彼が書く脚本や描く絵も僕が一番初めに読んだり見たりする人間になります。

生まれたばかりのものを相手に託して、素直に意見が聞けるのは、信頼感があるからです。膨大な量のコミュニケーションを取ってきたので、お互いが一番の理解者だという安心感もあります。

というわけで、おしゃべりはいつでも時間が足りません。かならず「こんな時間になっちゃった！」と言いながら急いで寝ることになるのです。

二人とも休みの日には、散歩に出かけたり、ウィンドウ・ショッピングに出かけたりしますが、その間もおしゃべりが続きます。そして、突っ込んで話がしたくなると、コーヒーショップに入っては、また延々と話をするのです。

僕たちが一緒に外出するのは、会話のネタをハンティングしにいくようなものです。外出先で目にしたものが次々に話のきっかけになるからです。そして、話が転がり出すと止まりません。

話が楽しいのは、五分五分で話せるところでしょう。お互いに相手の話はよく聞きますが、聞きっぱなしではありません。話す分量が釣り合っているのと、話が噛み合っているのが、こんな風に延々と話を楽しめる理由なんでしょう。

これは関係がうまくいっている結果です。相手への理解や心遣い、信頼がうまく機能していて、この楽しい会話を下支えしているのです。

ですから会話が弾んでいるのは、関係がうまくいっている確認になるのです。

食後の後片付けが終わって、いつものように散々話し込んだ後に、シンジが口癖のように言う「また、こんな時間になっちゃった！　大塚さんと話してるとすぐ時間が経っちゃうんだもの〜」という言葉を聞く度に、僕は幸せな感覚に包まれるのです。

と同時に、ここまで来られてよかった、諦めないでよかった、シンジもよくここまで付いてきてくれた、と感慨深い思いも湧き上がってくるのです。

ウチの居間の壁に額装した一枚の写真が掛かっています。

僕とシンジが初めて迎えた正月に、伊勢丹写真館で撮ってもらった写真です。その頃は同居も始めておらず、関係もまだ落ちついていませんでした。そういう時って、物に気持ちを託したくなるもの。気合いの入った写真でも撮って気持ちを落ちつかせようと、シンジに頼み込んで撮りにいった写真館でした。

僕はジャケットを着てネクタイを締め、髪は櫛目をつけて、まさに記念撮影モード、対してシンジは革のライダージャケットにブーツという出で立ちです。二人の間には見事に調和というものがありません。

スタジオに入ると、カメラマンが丁重に「では、お父様はこちらにお立ち下さい」と立ち位置を指定します。すかさず僕は言いました。

「親子に見えるでしょうけど、僕たちは恋人同士なんです。そのような雰囲気で撮っていただけるでしょうか」と。

どう反応するかと見ていると、さすがプロ、表情一つ変えずに

「あ、それは失礼いたしました。いかようにもお撮りいたします」

と答えました。皆さん、伊勢丹写真館は素晴らしい！

できあがった写真は、横に並んだ二人が肩を寄せ合って内側の手が軽く触れているというもので、二人とも無理矢理な笑顔を見せています。

親子でもない、かと言って恋人同士にも見えない、中途半端な雰囲気。この写真を見る度に、苦笑してしまいます。どこかまだしっくり馴染んでいない僕たちのありようが、しっかりと映り込んでいるのです。

こんな不釣り合いな組み合わせでスタートを切った僕たちが、こんな素敵な所まで来られたということを忘れないためにも、この写真はいつまでも大事にしたいと思っています。

38

共通体験という方法

僕は今までに五人の人と付き合ってきました。

インランちゃん、カズ、ヤスオ、ゲンちゃん、そしてシンジです。

今、振り返って考えると、どの人にもステキな部分と、受け入れるのが難しい部分がありました。受け入れられない部分によって起こる問題をどう調整していくか。これこそがパートナーシップのメインテーマです。

その調整には大量のエネルギーが必要です。関係がうまく働いているかどうかに常に注意を払い、うまく働かないのは何が原因なのかを考える。それを相手に理解できるように伝え、そのことに関して時間をかけて話し合い、解決策を二人で探り出し、その解決策を実践する。

この部分を読んだだけでも大変そうでしょう？　パートナーシップは、ものすごくエネルギー・コストの高いものなんです。特に始めのうちは、ものすごく大きなエネルギーを消費します。パートナーシップを始めるなら、この高いエネルギー・コストを支払っていく覚悟が必要なわけです。

でも初めの数年間、頑張り続けていると、それほどのエネルギーをかけなくても関係がうまく動くようになります。こうなると、かけたエネルギーに見合う、もしくはそれ以上の「見返り」が手にできるようになるわけです。そういう状態を、僕は今までに「関係が軌道に乗った」と表現してきました。

僕とシンジの間にはいろいろな問題が存在したことは、すでに書きました。それをなんとか乗り越え、関係を軌道に乗せることができたので、現在の良い関係があるわけです。

当時、僕たちが抱えていた問題を単純化して言えば、「関係にどれだけのエネルギーを注ぐか」に対して、二人の認識に大きな違いがあったことでしょう。

僕には、今までの経験から、「恋愛はかならず終わるのだから、できるだけ早い時期にパートナーシップへとシフトしなければ、長い付き合いはありえない」という持論がありました。「鉄は熱いうちに打て」です。時期を外してしまうと取り返しがつかなくなるという思いがあったのです。

実際、二人の間には問題が山積みでした。会える時間が少ない。シンジはセックスもスキンシップも苦手。その上、同居もできない。というものです。

僕の正直な気持ちを言えば、「これでどうやって付き合うの？」っていう感じです。ちゃんとエネルギーをかけて、解決策を探らなければ、「話しているのが楽しい」だけで乗り越えていける問題ではないのです。パートナーシップという発想を持たない限りは、とても続けていけないと思えました。

一方、シンジはと言うと、この先一年が正念場なのでした。

五年かけて学んできた多摩美の卒業公演と、それに連なる外部の劇場での公演を成功させなければならないのです。すでに多大なエネルギーを注いできたプロジェクトです。自力で払ってきた学費は七百万円を超えていました。職場での時間調整も自分の時間のやりくりも限度ギリギリでやってきていたのです。

少なくともこの先一年は、僕との関係に注ぐエネルギーをできるだけ少なくしたいという彼の気持ちも理解できるのでした。

二人の気持ちのバランスを取りながら、関係をパートナーシップへと持って行かなくてはならないのです。なんとも舵取りが難しそうです。

難しいと言えば、シンジの性格もよく考慮しなければなりません。シンジは自分なりのペースや感覚というものに強いこだわりがあるのです。単純に言えば「頑固」なんです。

彼は僕を「大塚さん」と呼びます。他人行儀な気がするから「タック」とか「タカシ」とか呼んでほしいと頼んだのですが、「僕にとって一番自然な名前で呼ばせてほしい」と言うので、結局今でも「大塚さん」のままです。

それから、彼には長い間「自立して一人で生きる」というテーマにこだわって生きてきた経緯があります。ですから、パートナーシップという考え方を受け入れていくのに時間がかかるのです。それを考慮せずに急かすと、自分の価値観を否定されたかのように、ものすごく反発をするのです。

僕としては、その辺りにも慎重にならなくてはいけません。

そこで、ポジティブな考え方を総動員して作戦を立てました。まずは一年間、僕自身がこの関係を投げ出さずにベストを尽くせるような作戦です。

シンジの正念場は一年間。それが終わるまでは、彼には関係に大きなエネルギーを割く気持ちのゆとりはなさそうです。

そうすると、少なくともこの一年、僕はモチベーションを下げないようにしながら、関係が迷子にならないようにリードする必要があるわけです。今までの経験では、知り合ってすぐに、一気に長い階段を駆け上がるようなエネルギーの使い方で、パートナーシップの基礎部分を作り上げてきました。でも今回は持久戦の様相を呈しています。今までとは違った作戦が必要なのです。

あれこれ考えた結果、この一年を使って、自分も芝居作りに挑戦してみようと思い立ちました。

本当のところは、できればシンジの芝居作りに直接参加したいと思っていたのです。彼の「助手の助手」にでもしてもらって、彼が芝居を作っていくプロセスの一部始終を体験したかったのです。そうすれば、僕と彼とがなかなか会えない原因となる芝居作りが、二人の共通体験の場になるのです。

パートナーシップでは共通体験は重要です。その共通体験を通して、お互いへの理解が深まるからです。しかし、押しかけ女房的行動はシンジには最も避けなければならないものです。彼は押しつけには過剰に反応しますから。

彼としては大切な卒業公演に「恋愛がらみ」の要素を持ち込みたくないと思っていたはずです。彼には、恋愛のようなプライベートな要素を仕事の場や仲間との共同作業である芝居作りに持ち込みたくないという「モラル」があって、そこにもこだわっていたからです。

そこで、次善の策として浮かんだのが「彼とは別に自分で芝居作りを体験してみよう」というアイデアだったのです。

脚本を書き、自分で演じ、お金を取ってお客さんに観てもらう。そのプロセスを、自分でも一つ一つ真剣にやってみることで、彼が大事にしているものを追体験しようという作戦です。

これで、芝居作りの話題にもついていけるでしょうし、制作途中のグチくらいは、内容をちゃんと理解した上で、受け止めてあげられるかもしれない。

これも、ある意味での「共通体験」にもなるはずです。

もともと僕の中に、芝居を作ってみたいという思いはありました。でも、それは「ハワイの男性フラを習ってみたい」とか「東海道を徒歩で踏破してみたい」とかの、漠然とした夢の一つにすぎませんでしたけどね。

これなら、楽しい夢を実現させるドキドキ感を味わいながら、自分のエネルギーをうまく使っていけるし、シンジとの関係作りに繋がる行為をしているのだと、自分を納得させられそうです。

シンジにこのプランを話してみると、「このおじさん、また何を言い出すことやら」といった表情を見せながら「やりたいんだったら、やってみればいいよ」という、けっこう冷たい返事が返ってきました。

この時のシンジに「共通体験の重要さ」は理解できていなかったでしょうから、無理はないのです。実践の中で感じてもらえるようにするしかありません。

僕は友人のキラさんに「五十代の二人のゲイの話」を書いてみたいというプランを話して、このプロジェクトに乗ってもらえないかと持ちかけてみました。

キラさんは、当時タックスノットの月曜スタッフもしてくれていた人で、近年は、オープンリー・ゲイ（自分のセクシャリティを隠さないゲイ）としての演劇表現をテーマに活躍しているプロの俳優です。

僕と同年代の彼は面白がって、ぜひ実現させましょうと言ってくれました。

芝居作りの経験が豊富なキラさんに片棒担いでもらえれば、大船に乗ったようなものです。

シンジとの関係をうまく育んでいけるのかどうかは不安のままでしたが、ひとまず一年間の目標が立ちました。後は、やるだけです。

39

「決意」という意志の力

関係が軌道に乗るまでは、様々な調整や問題解決にエネルギーをかけ続けなければなりません。

パートナーシップの辛い部分は、どこまでエネルギーをかけたら関係が軌道に乗るかが予測できないので、その不安が新たな問題を引き起こすところです。

もちろん、お互いが好きになって始める関係ですから、二人の間には楽しいことや嬉しいことがたくさんあります。その楽しいことなどのプラスの要素と、辛いことや不安などのマイナスの要素が、秤皿の上の重りのように働き、天秤の傾きをことある毎に変化させてしまうのです。

昨日は最高の組み合わせに思えたのに、今日は続けていくなんて無理な気がする。そんな繰り返しが続いていくのは珍しいことではありません。

天秤がプラスの方に傾き続けていれば関係作りは問題なく進むのですが、最初の一年くらいは、実は危ういバランスを保っている場合が多く、すぐにマイナスの方にも傾いてしまうのです。その不安定さは、それ自体がマイナスの要素として働くので、ますます不安定になります。

僕とシンジも、そんな不安定な期間を通過してきたのでした。

最初の一年をどう乗り越えるか……そのために芝居作りを決めた僕でした。

脚本書き、読み合わせ、役作り、話し合い、稽古など、お客さんからお金を取る芝居なのですから、どれもおろそかにはできません。全力であたりました。

なにもかもが初めてで、大変だけれど、面白くワクワクする行程でした。芝居に関わっている時は、シンジとの関係作りを考えずに済むので、一種の逃避場所にもなってくれました。

しかし、芝居作りへと気持ちを逸らしても、僕にとって一番の関心はシンジとの関係作りなのは変わりありません。

シンジも頑張って、週末に一度は会うように決めてくれました。僕が店に入るまでの何時間かのデートですけど、「時間が空いた時に会う」という形からは、大きく譲歩してくれたのでした。それ以外にも、月曜と火曜、彼が寝る前に電話で話すことを決めてくれました。

この態勢で、なんとかうまくいくはずでした。

そして、実際に、しばらくはうまくいっていました。

できあがった脚本に対する意見を述べ合い、芝居のプランや演劇の面白さについても語り合いました。もともと会話が弾む二人にとって、もう一つ共通の話題が持てたことは、確実に良い効果をもたらしてくれたと思います。

二人の関係の天秤はなんとかプラスの方に傾いている。そんな風に感じられる滑り出しでした。

だけど関係はデリケートです。ちょっとした言葉の行き違いや誤解から、二人の間の雲行きが突然悪くなることはよく起こります。

もともと、一緒に暮らすような「濃い」関係を望んでいた僕は、この付き合い方に不満がありました。「時間が足りない」という思いが常にあって、シンジの事情を汲んではいても「ギリギリの我慢をしている」という感覚があるのです。

シンジの方は、「一緒にいることが楽しい」を積み重ねて、いつかパートナーシップに辿り着けたらいいという「ゆっくり進む関係」を望んでいて、「自分が工面できる時間は全て供出している」という気持ちを持っていました。ですから、すでに「ギリギリの努力をしている」という感覚があります。二人とも、最初から無理した感覚で付き合い始めているので、実のところ二人の天秤は危うい平衡を保っているだけなのでした。

そんな状態で二人の雲行きが悪くなると、すぐに天秤はマイナスに傾き始めます。マイナスに傾いたら、プラスに戻すような対策が必要です。

「気持ちを傷つける言い方はやめてもらいたい」

「関係を良好に保つために、もっとエネルギーを注いでもらいたい」

「時間が足りないのだから、デートの最中でも関係に関しての話をしたい」

「もっと僕の気持ちも理解してほしい」

勢い、関係について注文を出し続けることになります。そうなるとシンジの方は、楽しいはずの時間が「責められる時間」に一変してしまうことになります。そうなると彼は口も心も閉ざしてしまうので、デートが終わると、何とも後味の悪い思いだけが残ります。

今度は寝る前の電話で、関係についての話を続けることになります。二人とも無理を重ねているので簡単に結論が出るわけはなく、話は同じところを回って埒があきません。

大学での芝居の稽古が終わって十一時頃に疲れ切って帰宅して、それから電話をかけてくると、関係についての果てしない話が始まる。シンジとしても「勘弁してよ……」という気持ちにもなったことでしょう。だけど、そこで「楽しい話」だけで済ますわけにはいきません。「別にいいや」と思ったら、もう関係はたち行かなくなってしまうのです。

二人の気持ちが落ちつくところまで話が辿り着くのは午前三時頃。シンジは朝の六時には起きなければならないのです。

だけど、しばらくはこれで収まっていても、状況は変わっていないので、すぐに再発することになります。シンジは、当時を振り返って、「いつ付き合いの話になるかと思うと、ビクビクものだった」と言ってました。

こんなことを繰り返しながら、僕たちはなんとか関係を続けていたのです。

僕はこの頃五十四歳、外から見たら「酸いも甘いも噛み分けてきた懐の深い人」といった感じだったのかもしれません。それは、あくまでも外から見ての話です。パートナーシップをやっていこうと死に物狂いになっている僕は、「懐の深い人」ではありません。心の内側に、通常他人に見せないようにしている、弱い部分やみっともない部分がたくさんうごめいているのです。

僕の最大の弱点は「不安症」です。あの「呪い」と関係があると思うのですが、自分ではなかなかコントロールできない弱点なのです。

パートナーシップは相手に対して心を開いていく営みです。開いていなければ、相手を受け入れられないのです。でも、心を開くというのは、自分の柔らかい部分を守っているガードを外すことでもあるので、気持ちが不安定になります。そうするとあの「不安症」が動き出してしまうのです。

一年我慢すれば、関係が機能するようになるのだろうか。

シンジは本当に長い関係を望んでいるんだろうか。

結局はパートナーシップは欲しくなかったなんて言い出すのではないか。

ちょっとした不安は不安を呼び、コントロールできなくなります。

そんな時は、強く抱きしめてもらったり、「大丈夫だよ」とか「愛している」とか甘い言葉をかけてもらうだけで治まるのですが、シンジはスキンシップも苦手で、甘い言葉も不得意な人なのです。そして「できないことはできない」という「こだわり」が強く、ひとまずやるなんてこともできません。

僕たちには魔法の言葉も、それに代わる「何か」も存在しないのです。

心を開き続ければ不安が治まらない。心を閉ざしてしまえば関係が終わってしまう。このジレンマに、僕は狂ってしまいそうでした。

この頃は、エーリッヒ・フロムの「愛するということは……」という文章を毎日にように暗唱して、気持ちが挫けないように祈ったものです。

経験のある僕でも弱気になって、この状況から何度も逃げだしたくなったほどですから、僕たちはかなり難しすぎる組み合わせだったのだと思います。

僕たちの天秤はマイナスに大きく傾き、何度も危機的な状況に陥ったのです。こうなると、「一緒にいると誰といるよりも楽しい」という気持ちだけでは、天秤を常にプラスに傾けさせることはできなくなるのです。

普通、人が関係を続けたいと思うのは、「その人が好きだから」です。だけど関係を育んでいく途中では必ずと言っていいほど、「その人が好きなのかどうか」さえわからなくなることが起こります。

そんな時に天秤をプラスの方に傾かせるのに、「好きだ」とか「楽しい」とかいうような気持ちに頼っているだけでは、すぐに行き詰まってしまうのです。

気持ちというものは、いざという時には、それほど頼りになりません。僕たちがなんとか踏みこたえられたのは、実は「付き合うと決めたのだから」とか「一年は頑張ると決めたのだから」とかいった決意によるものでした。

ギリギリの状況で頼りになるのは、「決意」という意思の力だったのです。

天秤がマイナスに傾き始めたのに、プラスの重りが見つからない時は、意思の重りを取りだしてプラスの方の皿に載せていく。これができるかどうかは、とても大きな分かれ目だと思います。

それでも時間は流れ、この辛い時期にも終わりがやってきました。

一年が過ぎ、シンジの卒業公演は、優れた卒業制作に与えられる大きな賞を与えられ、高い評価を受けました。

僕の芝居も無事に千秋楽を迎えられました。多くの人に支えられ、赤字も出さずに済み、自分的には充分に満足がいく結果が得られました。

そして、なによりも大きな収穫は、この芝居作りを最後までやり通したことで、僕に対するシンジの評価が高くなったことでした。「この人は、決めたら最後まで誠実に立ち向かう人だ」と思ってもらえたようです。

でも、初めてプランを聞いた時には、脚本さえ書き上げられないだろうと高をくっていたと明かしてくれました。


シンジは大きな仕事をやり遂げた満足感と、関係から逃げずにここまで辿り着けた安堵感に浸っていました。しんどい思いの続く一年だったでしょう。

だけど、僕はそこで満足されていては困るのです。いよいよシンジにも僕たちの関係へもっともっとエネルギーを注いで貰わなくてはなりません。

僕は言いました。

「今まではなんとか耐えられたけど、この先は自信がないの。大仕事も終わったのだから、これから先のことを真剣に考えて付き合っていってほしい」と。

シンジは長い間黙り込んでいましたが、やっと口を開くと、こう言いました。

「わかった。試しに三ヶ月間、一緒に暮らしてみる。三ヶ月やってみて、無理だと思ったら、その時はその時で対応策を考えるってことで……」

急転直下の展開となったのです。

40 一緒に暮らし、生活を共にすること

一緒に暮らすというのは、パートナーシップを育んでいく上で最も基礎となる部分だと、僕は考えています。生活を共にして、プライベートな時間を共有し、親密なコミュニケーションをとる。それが、お互いを深く理解する最も有効な方法だと思っているのです。

もちろん、生活を共にすれば、自動的に理解できるわけではなく、あくまでも「理解し合うために生活を共にする」という気持ちがあるのが前提です。

生活は重要です。生活こそが人間の根幹を作り上げている、と僕は考えています。その人の物の考え方・言動は全てがその人の生活と結びついている。人生観、信条や思想でさえ、その人がどんな風に生計を立て、何を食べ、どのように暮らしているかと密接に関わっている。これは、僕の譲れない思想です。

生活は小さな事柄が寄り集まって成り立っています。一つ一つの事柄はさもなく、大した意味もないものかもしれませんが、その全てが、その生活をしている人を作り上げている大事な要素だと思っています。

一緒に暮らせば、その小さな一つ一つに触れることができるわけです。

そんな風に考えている僕には、「その人を真に理解したい」と思ったら、一緒に暮らし、生活を共にする

ことは、外すことのできない要素なのです。

加えて、今までに何度も言ってきましたが、僕は常に「幸せのイメージ」を二人で暮らす生活の中に見出してきたという経緯があります。

僕にとって同居はパートナーシップに辿り着く手段でもあり、パートナーシップの目的でもあるのです。

三ヶ月のお試しコースとはいえ、やっとシンジが一緒に暮らしてもいいと言ってくれたのです。僕の嬉しさはいかばかりか、ご想像下さい！

シンジは、この試験的同居にいくつかの条件を出してきました。

「自分のアパートは解約しないでそのままにしておきたい」

「だから荷物も身の回りのものを少し持ってくるだけにしたい」

「食事などは、それぞれに食べるということを基本にしてほしい」

というようなものです。もちろん、僕は了解しました。僕としては一緒に暮らしてもいいと言ってもらえただけで、大喜びでしたから。

シンジとしては、「これはあくまでもテストなのだ」という気持ちを持つことで、自分に重圧を与えないようにしていたのでしょう。

実は、シンジは、僕からの要求がどんどん増えていくのではないかと心配していたらしいのです。

「ゲンちゃんと別れたので付き合ってほしい」から始まり、次に、「会う時間を増やしてほしい」となり、その次は、「関係に対してもっと考えてほしい」となり、おまけに、「相手の気持ちをもっと理解してほしい」という具合に、要求がエスカレートしているように思えていたようです。

これで一緒に暮らしたら、「食事はかならず家で一緒に食べてほしい」とか「食事も作ってほしい」と、その要求は底なしに膨張してくのではないかと恐れさえ感じていた。だから、条件に食事のことが入っていたんですね。

僕としては、彼の気持ちを考慮して、要求が単に膨張しているのではなく、二人が「ある地点」に向かうことを望んでいるのだと、うまく伝えていかなくてはなりません。緊張が走ります。

僕たちの同居は、こんな風に、かなりビクビクした調子で始まりました。

しかし、案ずるより産むが易し。このテストは僕たちの関係を劇的に良い方向へと動かし始めたのです。同居が始まったとたんに、まず僕の不安症がピタっと治まりました。

シンジが関係に向かって、今までとは違った一歩を踏み出してくれたのですから、当たり前といえば当たり前です。それまでのシンジには腰が引けている感じがあって、それが僕の気持ちの中に不安を生んでいたのですから。

シンジから見せて欲しかったものは、「関係へ飛び込む姿勢」だったのです。相手がそれさえ見せてくれれば、僕は頑張れるタイプなのです。

シンジは「まずは三ヶ月ね」と言いながらも、思い切り飛び込んできてくれました。もう僕には何も文句はありません。後は、一緒に暮らすメリットをシンジが感じてくれるように、僕が動けばいいだけなのです。

最初の一年、僕たちは会えないことに起因する負のスパイラルに入っていきがちでした。それが、同居をきっかけに、上昇のスパイラルに転じたのです。一つの良いことが、別の良いことを連鎖的に引き起こしていきました。

シンジには、僕の表情になにかというと現れていた不安やネガティブなモードが全く出てこなくなったのが、何より嬉しかったようです。

ネガティブ・モードさえなくなれば、シンジにとって僕は一緒にいて一番楽しい人なのです。シンジが楽しくなれば、ますます僕は調子を上げていけます。

こんな具合に、二人の間に垂れ込めていた重苦しい霧は、急速に晴れていき、出会ったばかりの頃の楽しさが戻ってきました。

ここに至って、この一年、お互いが相手に与えていたストレスがどれだけ大きかったのかを改めて思い知るのでした。

シンジは同居して三ヶ月が経たないうちにこう言ってくれました。

「一緒に暮らすのってホント楽しい。早く一緒に暮らせばよかったね」

この言葉を聞いたとたん、僕は逆転ゴールを決めたストライカーになってピッチを走り回っていました。見たっ？　見たっ？　見たっ？

テストは合格です！

同居を始める前に、作戦を立てたのですが、それも功を奏したようです。

それは、二人で暮らすことが、まずシンジにとってのメリットになるようにするという作戦でした。シンジは恐る恐る進んでくるのですから、まずは「二人暮らしって楽ちん」と思ってもらわなければ、なかなか同居の評価も上がらないはずだと踏んだのです。

シンジは掃除と洗濯があまり得意でないのはわかっていました。そこで掃除と洗濯は僕がやることにしました。帰宅したら、部屋が片付いていて、脱衣カゴに入れてあった洗濯物が、きれいに畳まれてタンスに入っている。そりゃ楽ちんですよね。それを押しつけがましくなくやれば悪くないはずです。

カズに「どうして僕と付き合っているの？」と聞いた時、「便利だから」と答えられて、すねたことを思い出します。僕も「成長」したものです。今なら「楽ちん」でも「便利」でも、関係作りを支えてくれるものはなんでも、活用しようという「したたかさ」を身につけたのですから。

食事に関しては、シンジのリクエスト通り、外食を中心にして、家ではそれぞれが弁当を買ってきて食べるようにしました。シンジも炊事はやらなくていいのですから、気が楽なはずです。要するに、シンジが「やらなければならないこと」を極力少なくするようにしたのです。

別々に暮らしていた時より「楽ちん」になって、僕のネガティブ・モードが消えたのですから、「早く一緒に暮らせば……」の言葉はそれほど驚くほどのことではなかったのかもしれません。それより、なんとか同居に至るまで関係が持ったっていう方が驚くべきことなんですけどね。

良い雰囲気で一年が過ぎていきました。

会うための時間調整や出かけることにエネルギーを使わなくていいので、関係作りそのもののために効率よくエネルギーを使っていけるのです。

ゆとりの出てきたシンジに変化の兆しが見えてきました。

週に二回ほど食事を作ってくれるようになったのです。きっかけは僕が健康診断で血中コレステロールが高かったことでした。家で食事を作れば、健康的な献立を考えられます。シンジが提案してくれました。

彼は、実家では中学生の頃から食事係を担当していたことは前にもお話ししましたが、家事の中で炊事が一番得意なのです。

それではということで、僕もできるだけ家で食事を作ることにしました。結果的に週に四回は一緒に食事をするようになったのです。食事を作ってもらって、一緒に食べるのは嬉しいものです。それがウチでは交代でできるのです。こうなるといっぺんに「同居」が「一緒に暮らす生活」になりました。

そしてシンジ自身も「生活を楽しむ」ようになってくれたのです。

実家でやっていたように、食材は彼が生協を通じて買ってくれるようになりました。カタログを見ながら、何を買おうかと相談するのも楽しい時間です。

冷蔵庫も大きなものに買い換えてくれました。しっかりした冷凍スペースが必要だからです。「これが使いやすいんだ」と無水鍋を買ってきてくれました。この鍋一つでレパートリーがぐんと広がるんだそうです。

こういったことは、彼が実家の家庭で経験してきた良いものを、どんどん僕たちの生活に持ち込んでくれるようになった、ということです。

それは、僕たちの生活をきっかけに、シンジが何かを次々と「思い出している」という感じなのです。僕にとって、涙が出るほど嬉しい、彼の変化でした。

彼の実家も、「生活」を大事にしている家庭でした。それは彼の小さい頃の話などを通じて知ってはいたのですが、彼が思い出し、持ち込んでくれる「生活」を見ていると、リアリティを持った形で実感できました。

生活がうまく機能するように、工夫し、協力し、助け合うこと、そういった、彼の実家の家庭が持っていた、生活を大事にする価値観から生まれた営みが、シンジの思い出と共に僕たちの生活に流れ込んできたのです。

この「生活」を通じて、僕たちは「お互いがお互いを大事にしている」ということを確実に表現できるようになったのです。

それは、正に僕が望んでいるパートナーシップというものの現れでした。

41

コミュニケーションの果たす役割

僕がパートナーに求めるものは「誰よりも僕を理解し、その理解してくれた僕を受け入れ、最も信頼のおける味方になってくれること」です。そして僕自身もパートナーにとって、そういう味方でありたいと思っています。

そこには「理解する」、「受容する」、「信頼する」という三つの要素がありますが、この三つの実現にはコミュニケーションが重要な役割を果たします。

相手を知るにも、相手に自分を知ってもらうにも、コミュニケーションが重要というのは、誰もが認めるところでしょう。

しかし、理解できたとしても、受け入れられるとは限りません。「自分が動くのか、相手に動いてもらうのか」の交渉を含めて、いろいろな調整が必要になってきます。その時に力を発揮するのもコミュニケーションです。

コミュニケーションさえ十分にとっておけば、調整の結果を受け入れやすくもなるのです。そして、受け入れたことは､やはりコミュニケーションによって相手にフィードバックされます。こうして「理解」と「受容」が積み重ねられ、だんだんと「信頼」も育っていくわけです。

ですから、パートナーシップでは、ありとあらゆる場面でコミュニケーション能力が問われ続けていきます。パートナーシップは「コミュニケーションに尽きる」と言っても言い過ぎではありません。

付き合い始めの頃、僕たちにはセックスに関する問題がありました。

シンジが僕とのセックスを避けるという問題です。

何度も同じことを言ってますが、「セックスはいずれなくなる。パートナーシップはセックスがなくなってからが本番」というのが僕の考え方の基本です。セックスがなくなっても二人を繋ぐものが何かを考えて、それを育てていなければ、関係はいずれうまくいかなくなってしまうのです。

そんな考えから、それまではセックスに対して大きな比重を置かないように心がけてきました。しかし今度の場合は「いずれなくなる」という程度の問題ではなく、「最初から避けられている」という、人によっては付き合い始めること自体があり得ないような問題でした。

相手からセックスを「避けられている」地点からスタートするパートナーシップは可能か……。経験を積んできた僕にも難しい応用問題でした。

僕にはセックスに対する苦手意識があります。お尻を使うのは「やる方」も「やられる方」も好きではありません。バニラ的なセックスが好きで、相手が昂奮すればするほど白けるという扱い難い一面も持っています。

きっと僕とセックスする人は「あまり面白くない」と思っているに違いない。そんなネガティブな思いがあり、そのせいで、セックスに関する不安が起こりやすく、その不安はいつまでも尾を引くのです。

結局、セックスは大した問題ではないと思っても、セックスが不安材料である現実から逃れられていなかったのです。

シンジは最初「相手がいる人とはセックスをしない」と言っていました。そういう「けじめ」には納得がいったので、僕は我慢をしていました。それが、付き合い始めてからは、「実は苦手だ」と言って、セックスを避けるようになったのです。僕は混乱しました。

「セックスは苦手」というのは「セックス全般が苦手」なのか「僕とのセックスが苦手」なのかが曖昧です。言い逃れを聞いている感じがしたのです。

そこに、「なかなか会えない状況」と「関係に対して及び腰な態度」という二つの要素が加わって、ますます僕を疑心暗鬼にさせてしまっていたのです。

これが、同居を始める前の僕たちの抱えている難しい状況でした。


今となれば、僕もシンジも、お互いのセックスに対する感覚を理解できていますし、それを尊重もしています。それは、僕たちが、二人の間に何でも話せる雰囲気を作って、コミュニケーションを取り続けてきた成果です。

セックスについて語るのは難しいことです。特に、セックスをしている当人同士が、小さな不満や微妙な違和感を伝え合うのは、難しいというのを通り越して、ほとんど不可能に近いことではないでしょうか。セックスはデリケートな部分を含んでいるので、相手を傷つけてしまうかもしれないし、自分たちの関係に決定的な影響を与える可能性もあるからです。また話をすることで、繊細な性的ファンタジーが崩れてしまうことだって起こり得ます。

だからこそ、多くの人は面倒が起こらないように「細かいことには目をつぶる」という方法で問題をやり過ごしているのです。

セックスに限らず、問題をどう解決するかは、結局のところ、二人が日頃からどのようなコミュニケーションをとってきたかにかかっています。

ですから、いくつもパートナーシップを経験してきた僕に言わせれば、セックスに関しての問題であっても、双方が納得できるところまでコミュニケーションをとって解決する方法に勝るものはありません。

しかし、そのためには日頃からの情報の積み重ねが必要です。たとえば、相手を傷つけずに何かを伝えたいと思うのなら、相手が何で傷つくのかを知っていなければなりませんし、効果的なタイミングで言うためには、相手のバイオリズムのようなものにも関心を払っていなければなりません。

相手に関する多くの情報を持ち、それを活かして話をする態勢が調っていなければ、急にデリケートな問題を解決しようとしても無理があるのです。

相手に対してどれだけ関心があったか。相手のことをどれだけ理解していたのか。難しい問題が起こる度に、そういったことが問われるのです。

さて、僕たちのセックスの問題がどういう形で落ちついたのかという話です。

感情的になったり、落ち込んだりしながら、たくさんの時間をかけて話をした結果わかったのは、二人の「セックスに対する感覚」にはそっくりな部分があることと、「セックスに期待しているもの」が全く違うということでした。

それを双方が理解した結果、現実的な対処方法が見えてきたのです。

そっくりな部分というのは、二人とも「オナニスト」だということでした。

オナニストというのは、他人とセックスをすることよりマスターベーションの方を、価値的に高く置いている人のことです（古来、この言葉は様々な意味を込めて語られてきていますが、ここでは細かい部分は全て捨てて、「セックスよりマスターベーションの方が好きな人」という意味で使っています）。

僕は、「うゆうゆ」発見以来、マスターベーション歴が半世紀を越えるほどのオナニストです。パートナーがいてもマスターベーションは日課のようなものです。最近は回数が減りましたが、二日に一度と単純計算しても、すでに一万回近くはしてきたはずです。セックスがないのはなんとか対処できますが、マスターベーションが禁じられたら精神状態がおかしくなるでしょう。

この点ではシンジも全く同じでした。

シンジも性的な関心が男に向かっていると知って以来、ずっとマスターベーションで性欲を解放してきました。セックスの経験は少ないのです。なぜ少なかったかというと、実際のセックスがそれほど楽しくなかったからです。

マスターベーションではマスターベーション・ファンタジーという自分を都合良く昂奮させる仕組みがあって、その力を借りて楽しむのですが、実際のセックスでは、相手の気持ちや人柄の方に関心が動いてしまい、気疲れしたり、白けたりして、充分に楽しめないのです。

そのことに関して僕たちは「そっくり」なのでした。

では、違っていた点は何だったのでしょうか。それぞれが「セックスに期待するもの」が違っていたのです。

僕はオナニストですが、スキンシップやキスは好きです。バニラ的な触れ合いや、ロマンティックな香りをセックスに求めています。

それはマスターベーションでは手に入らないので、誰かとセックスをしたいと思うわけです。だからこそ、相手が昂奮だけを求めていると思ったとたんに気持ちが引いてしまうのです。

一方、シンジはスキンシップやキスが苦手です。僕が求めるような「情緒」がセックスに入り込んでくると居心地が悪くなってしまうのです。

シンジは、僕とは逆に、マスターベーションのようなセックスならやれるのですが、それが楽しいわけでもないのです。それでもセックスをしてきたのは、関係を始めるのにセックスが必要なら仕方がない、と思ってきたからです。

そして情緒はプラトニックな関わりの中で期待するタイプなのです。

実際のセックスが苦手な二人が、「情緒的なもの」をどう扱ったらいいか途方に暮れている——僕たちの「セックスの問題」というのは、言葉にすれば、こんなに単純なことでした。だけど、ここまで単純な形に集約して理解し合えるまでには、とても時間がかかりました。自分たちでさえ、話をしてみるまでわかっていなかったこともたくさんあったくらいですから。

「セックスの問題について語り合いましょう」と始めれば、すぐに辿り着ける場所ではありませんでした。たくさんのエネルギーをかけた質の高いコミュニケーションが必要だったのです。

「マスターベーションが好き」とは言えても、「実は、君とセックスしてる間、居心地の悪い思いをしている」なんて、なかなか言えないものです。

こんなに複雑な要素が絡み合っている内容を、セックスという簡単な言葉だけで表そうとするのはかなり無理があったのです。それがわかっただけでも、コミュニケーションの果たした役割は大きかったと思います。

僕たちは今セックスをしていません。

でも、そのことが僕たちの関係を脅かすことはもうありません。

自分たちの「セックスのありよう」を認め合い、そのことを尊重し合えたことが、僕たちの絆をしっかりしたものにしてくれたのです。

しかし、僕が求めていた「スキンシップや情緒の問題」は残されたままです。

でも、それは構わないのです。僕がそのことで満足することより、僕がそれを必要としているということをシンジが知っていてくれて、「そのことには充分に応えられてないのだ」と彼が認識してくれていることの方に、より大きな満足を覚えているのですから。

42

関係を育てる、ということ

一昨年（二〇〇七年）の二月にシンジと一緒にロンドンに行きました。

大英博物館の日本ギャラリーに、僕の小さな作品が展示されたので、それを見に行ったのです。

その作品は、ゲイの友人や知り合いがドラァグをしてポーズした写真を集めて、それをトランプに仕立てたものです。ドラァグというのは、かなり乱暴に定義すれば「大げさに女装して楽しむ遊び」といったところでしょうか。

キュレーターはタックスノットがオープンしたばかりの頃に親しくなったティムさんというイギリス人です。

あれから二十五年近くも時が過ぎ、ティムさんは大英博物館の日本ギャラリーの責任者になり、その展示の中に僕の作品を加えてくれたのです。

彼自身もゲイなので、日本にもゲイの人たちが存在し、人生を楽しんでいるのだというメッセージを展示の中に埋め込みたいと思ってくれたのです。僕の作ったトランプは、そのメッセージを伝えるのに打って付けだったようです。

現代日本の展示ブロックの中に「男のイメージ」と題されたコーナーがあり、そこには背中に唐獅子牡丹の刺青を入れた高倉健の映画ポスターと僕のドラァグ・トランプが一緒に展示されていました。

極端な「男らしさ」と極端な「女らしさ」を並べて見せることで、結局「らしさ」って着たり脱いだりできる自由なものでしょ?と、ティムさんが皮肉混じりのウィンクをして見せてくれている展示で、なんだか愉快になってきます。

その展示の向こう側には、ティムさんと僕との長い間の友情も一緒に飾ってもらってあるようで、僕ははるばるロンドンにやってきた甲斐があったと嬉しい気持ちでいっぱいになりました。


その旅行先での話です。

僕とシンジは日常ではケンカをすることもなくなっていますが、慣れない旅行中は二人の間にも緊張が高まることがあります。そこに旅の疲れが加わると、思わぬところで気持ちがぶつかってしまいます。

その日のスケジュールはロンドンに住む友人と一緒に行くヴィクトリア・アンド・アルバート美術館。朝から些細なことで二人の気持ちがギクシャクし始め、美術館に着いた時には僕もシンジもピリピリしていました。

通常なら、コーヒータイムをとって、仲直りができるように話をするのですが、友人と一緒なのでそれもできません。険悪な感じになりそうだったので、美術館では別行動をすることにしました。友人にはシンジは疲れているので一人で休んでいたいらしいと言い訳をして。

このヴィクトリア・アンド・アルバート美術館というのは装飾美術に関しての収集が有名で、僕にとってロンドン旅行のハイライトの一つでした。

しかし、シンジと別行動してしまったお陰で、その楽しみが半減してしまいました。何を見ても、今ひとつ気分が乗らなかったのです。

僕たちはいつだって喋り通しの仲です。外出した時は新しい刺激が入ってくるので、話が尽きません。そうやっていつもお互いの気持ちを話し続けてきたので、何かを見て面白いと思うと相手に話しかけたくなってしまうのです。

この美術館のコレクションは、好みのものばかりで、本来ならその一つ一つに大はしゃぎできるはずなのに、それを伝えられる相手がいないままに見続けるという悲しい結果になってしまいました。

一緒にいた友人はキュレーター志望なので話も合い、それはそれで楽しかったのですが、「なぜ、はしゃぐほどの気持ちでいるのか」まではわかってはもらえず、じれったくもありました。説明するには、お茶でも飲みながら何時間も話さなければならないのです。この時は別行動をホントに後悔しました。

ホテルに帰って仲直りをした後、僕は美術館で感じたことを話しました。シンジと一緒に回りたかったと。実はシンジも全く同じ気持ちだったようです。「大塚さん、これ好きでしょ」って何度も言いたくなったそうです。

僕たちはそれぞれに、自分が面白いと思ったものや相手が面白がるだろうと思ったものをデジカメで撮っていたので、それを見せ合ったところ、見事に同じようなものばかりが写っていました。

「やっぱりね……」

それから、その写真をネタに、夜遅くまで話に花を咲かせたのでした。

「ツーカーの仲」という言い方があります。鶴と言えば亀ですが、ツと言っただけでカと答えるようになるまで気心が知れた間柄が「ツーカーの仲」。長い時間をかけて大量の情報を交換してきた僕たちは、いつからか「ツーカーの仲」になっていたようです。細かい説明をしなくても「自分の価値観、微妙な感情や情緒までを含んだデリケートな内容」を相手に伝えられるようになっていたのです。

ここまで辿り着くと、その関係は簡単に他の人とは取り替えがききません。この日の「行き違い」は僕たちの心に、お互いが「かけがえのない存在」に育っていたことを教えてくれたのでした。これはロンドン旅行の一番の収穫だったと言えるでしょう。

僕たちはこの思い出に「ロンドンでの確認」と名前を付けました。

人間は贅沢なもので、かけがえのないものを求めながら、それが手に入ったら、今度はそれをなくす恐れに脅かされるものです。

取り替えの利かない関係を持てた幸せに気付いたら、これが無くなったら……という不安も頭をよぎったりします。

もともと僕は不安症。仕方がないんですけどね。

カズを亡くした時、どこに行っても、何を見ても、カズの存在の大きさを思い知らされました。あの辛さを思い出してしまうのです。

自分自身は一度あの試練は乗り越えているので、何とか対処できそうですが、シンジにあの辛さを与えてしまうのかと思うとやるせない気持ちになります。僕とシンジの年齢差は二十四歳、いずれ僕の方が先に逝くのは自然の理。八十まで生きたとしても、たった二十年くらいしか一緒にいられないんだよなぁ。

こんなことを考えてると、急に目頭が熱くなってきます。

嫌だ、こんなこと考えるなんて！　どっぷりと浸かったセンチメンタルな気分を追い払います。

同い年の二人でも一年続けるんだって難しいのがパートナーシップ。これから先、二十年も続けられるんなら御の字じゃないの！

二十年が長いか短いかは考え方次第ですが、人生の終幕がおぼろげながら視界に入ってくる歳になると、いろんな思いに心が揺れることもあるようです。

一昨年の十月、マサキとケイのカップルが三十五周年を迎えました。

覚えていますか？「長い関係を目指すなら猫を飼いなさい」とアドバイスをくれたケイと、僕にとって大親友のマサキ。この二人のカップルです。

二人はこの時七十八歳と五十八歳。このカップルも年齢差が二十歳あります。その彼らが三十五周年を迎えたのです。これはお祝いしないわけにはいきません！

僕が幹事を買って出て、ごくごく内輪のお祝いの会を開くことにしました。

僕とシンジは、高さが六十センチくらいの「3」と「5」の形をしたカラフルなオブジェを作りました。マサキとケイにその数字を持ってもらって、参会者全員で記念写真を撮ろうという計画です。

お祝いに集まってくれたメンバーには何組もゲイ・カップルがいて、二十五周年のカップルからまだ三ヶ月目のカップルまで、その付き合いの長さもいろいろ。結婚生活三十年の、子供のないストレート・カップルもいました。

また、ずっと一人の生活を楽しんできている人もいれば、長年付き合っていた相手を亡くした人もいました。「二人」という生き方を求め続けてきたけど、「一人」の生き方の方が向いていると気づいて肩の荷を下ろした人もいました。

立場は違っても、どの人たちもマサキとケイの三十五周年を心から喜んでいます。この「長さ」の価値を十分に理解できる人たちばかりなのです。

お手本があるというのはありがたいこと。先を行く人の背中が見えていれば長い道中も安心して進めるのです。

もともとは長い関係の先輩として慕ってきたマサキとケイですが、シンジと付き合うようになってからは、「親子ほど歳の離れたパートナーシップ」のお手本にも思うようになりました。特にケイは「親ほど年上」という立場が同じなので、彼の経験談には聞き入ってしまいます。

彼は今でも詩作を精力的に続けています。創造の泉は枯れるどころか、ますます盛んに湧き出しているようです。それに、もう十年以上も毎日一時間のウォーキングをこなし、健康にも気を配っているという話です。彼のシャキっと伸びた背筋はそういう日頃の努力に支えられていたのです。

マサキはこんな風に言ってました。

「ケイの健康への気配りは、自分のためだけでなく、僕に負担や不安を与えないようにという愛情の表れだと思うんだ。最近、すごくそれを感じる」って。

覚悟が違う……。それを聞いた僕の心の中に力強い波動が広がりました。

きっとケイも、マサキを置いて先にいく可能性をいつも感じているはずです。残されたマサキを思って、胸が締め付けられたことは何度もあったでしょう。二十歳近くも年下の僕でさえ、そんな風に考えることがあるのですから。

だけど考えるだけでなく、その「気がかり」を具体的な行動に転換しているところが、僕に力強さを感じさせたのだと思います。

健康でいて、自分の創造性を磨き続ける。それは「できるだけ良い状態の自分」であり続けることです。パートナーシップも極まると、自分の喜ばしい状態は、そのままパートナーにとっての嬉しい状態にできるようです。

自分ができるのは「ステキな自分」であり続けられるように努力すること。それがケイのとった具体的な行動だったのです。

ケイはその行動で、「気がかり」に対する思いをマサキに伝え、マサキはそれをちゃんと受け取っている。伊達に三十五年パートナーシップをやっているわけではないんだな……。センチメンタルな気分に浸っただけの自分をちょっと恥ずかしく思いました。

僕もこんな風にシンジに思いを伝えていけるように頑張ってみましょう。

二〇〇八年の一月の終わり、僕は六十歳になりました。世で言う還暦という歳です。昔なら赤いチャンチャンコを着せられ、赤い座布団の上で記念撮影っていうアレですね。ただ、還暦だと思ってもピンと来ません。僕の場合、四十歳になった時も、五十歳になった時もピンと来なかったので、ピンと来ないことにも驚きはありませんが。

ともかく、還暦には特別な思いはないのですが、友人やタックスノットのお客さんに祝福されるのは、やはり嬉しいものでした。

特に嬉しかったのは、シンジとゲンちゃんがお祝いの席を用意してくれたことでした。それもジャケット着用の気取ったフレンチ・レストランで。

三人でおいしい食事やワインを楽しみながら談笑していたら、感激というのとは少し違う、胸の辺りがほんのり温かくなる感慨が湧いてきました。

シンジはシンジなりに、ゲンちゃんはゲンちゃんなりに、いろいろな思いを乗り越えて、お互いを受け入れ合ってくれているんだと思います。二人にはいくら感謝しても感謝し足りない気持ちでいっぱいです。

パートナーと元パートナーが一緒に還暦を祝ってくれているこの状況こそが、僕が受け取った最高のプレゼントなのだと思いました。

ゲンちゃんとはパートナーシップを解消してからも、付き合いが続いています。叔母が出る芝居を三人で見に行ったり、食事を一緒にしたりしています。

そして今は、ゲンちゃんにとって僕は絵の先生でもあるのです。

これは、ゲンちゃんが「何があっても、タックとは一生付き合っていくことになると思うよ」と言ってくれたから可能になった関係です。

解消を言い出した方からは「これからもよろしく」とは言い出しにくいものです。ですからゲンちゃんにその気持ちがなかったら、僕たちはもう関わりを持てなかったかもしれません。

そうです。僕とゲンちゃんは今でも付き合いを続けているというより、「元彼同士」という全く新しい関係を育んでいるのです。

それは、親友とも、親や兄弟とも違う、もちろんパートナーとも違う、僕にとって今までに経験のない独特の関係です。

何かの折りには真っ先に駆けつけたいと思うし、逆に頼りにもしています。自分の人生に起こるさまざまな出来事を知っていて欲しいとも思います。なにしろ長い時間をかけて理解し合おうと努力した仲なのですから。

でも、それぞれが別々の人生を進み始めているのです。それは、いくらかの淋しさとある種の気楽さが混じり合った不思議でステキな関係です。

こんな関係を持てているのは、お互いの中に「自分たちはやるだけのことはやってきた」という誇りにも似た思いがあるからだと思っています。

きっと、ゲンちゃんもこれには同意してくれるでしょう。

一年くらい前から、僕は毎日六キロを歩くようにしています。

軽い脂肪肝になっていると診断され、そのために有酸素運動と食事のコントロールを組み合わせて体重を落とす計画を立てたのです。

シンジは、冬の寒い日にも歩けるようにと、防寒のトレーニングウエアをプレゼントしてくれました。

最近では料理本なども買ってきて、健康的な食事を作るように心がけてくれています。実は、この本の執筆に集中するためという理由で、この一年ほど僕は食事作りから外してもらっているので、家での食事はほとんどシンジが用意してくれているのです。

お陰で体重も六キロほど落ちて、体脂肪率も下がりました。

毎日歩きながら、ケイも今頃歩いているのかしら……マサキはそれを見送りながら嬉しさを感じているのかしら……なんて思います。

自分が良い状態でいるように努力することが、相手にとっても良いことになる。自分のためにしていることが、相手に対する愛情を示すことになる。そんな境地まで僕たちの関係を育てられたら、なんて素晴らしいことだろう。

一生懸命に歩いていると、いつの間にかそんな境地にまで辿り着けそうな気分になってきます。

補講

「二人で生きる」技術

43

関係作りは技術だ

「タックさんは、これでもう老後は安心だね」

タックスノットのお客さんにこんなことを言われたことがあります。

還暦を過ぎた僕に二周りも年下のパートナーがいることを、ちょっと揶揄しながらも、少し羨ましいという気持ちの入った言いようでした。

「先のことってわかんないから、安心なんてできないよ」

作り笑顔を見せながら、僕の気持ちは微妙な色合いを帯びます。

カズを亡くし、ゲンちゃんとの関係を「津波」にさらわれた僕としては、今の関係が「放っておいても続いていく」なんてお気楽には考えられません。

明日のことなんて誰にもわからないのです。

それに、僕は関係作りを老後のために頑張ってきたわけではありません。ここまで読んできてくださった方なら、僕が今の関係を持つためにどれだけ頑張ってきたかはわかっていただけると思うのですが、こんなにエネルギーをかけて作り上げてきた関係を「老後の保険」扱いされたようで反発も感じるのです。

老後が心配だからという理由だけで頑張り続けられるほど、パートナーシップは簡単じゃないよ。そう言いたい気分です。

パートナーがいようといまいと、老後の備えは、個々人でやるしかないのが今の日本の状況なのです。だから、僕も自分なりに備えては来ています。

だけど、もし僕が困難な状況になった時に、シンジができる範囲で僕を助けたいと思ってもらえるような、そんな関係を保っていきたいとは思っています。大切な人が苦しんでいる時に、手を差し伸べたいと思うのは、自然な気持ちだと思うのです。それは、もしシンジに何か困難な問題が起こった時には、僕も彼を支えたいと思っているということです。困った時に手を差し伸べ、支えるというのは、パートナーシップの目的というよりは結果なのだと思うのです。

だからこそ「老後は安心だね」と言われると、自分たちの関係は十分に良い状態なのだろうかと、突然鏡を突きつけられた気分になってしまうのです。

パートナーシップに対しては、一言何かを言われただけで様々な思いが湧き上がってきて、それが僕の気持ちを微妙な色合いにしてしまうようです。

この本は、僕にとってのパートナーシップがどんなものなのかを伝えたいと思い、書き始めたものです。小さな頃から現在に至るまで、パートナーシップに関わることをできるだけディテールを省かないように書いてきました。僕の経験してきたことを時間軸に沿って追体験していただくのが、言いたいことが一番伝わりやすいのではないかと思ったからです。

この本を冒頭から「パートナーシップはこういうものだ。だからパートナーシップを求めるなら、こうした方がいい」と始めたとしても、僕のことを何も知らない読者にとっては、あまりにも説得力がないだろうと考えたのです。

その書き方の中でも、パートナーシップを求めながら迷子になりそうな人とか、パートナーシップについてあれこれ考えてみたい人にとって、できるだけ示唆的になるようには心がけました。ライフヒストリーという形の中でも、関係作りに関するコツやヒントをあちこちにばらまいておいたつもりです。

しかし、ぜひ伝えておきたいと思いながらも、ライフヒストリーの流れの中には収まりきらない部分も残ってしまいました。そこで、最後の章には「関係に関する考察」のようなものをいくつか並べて、この本を終わりたいと思います。

まずは「関係作りは技術だ」から始めましょう。

誰かと出会って、パートナーシップをやっていこうと思った時、運を天に任せるような気分になるものですが、関係作りは、サイコロを振るような行為ではなく、技術を駆使して遂行していくプロジェクトです。「パートナーシップは技術によって成り立っている」

このことは赤線を引いて強調しておきたいくらいです。

もちろん、人生ですから全く運というものが関係しないとは言いませんが、パートナーシップにおいては「運が良いか悪いか」よりも、「技術を持っているかいないか」の方が圧倒的に大きな影響を及ぼすのです。

これは何も「技術だから簡単なのだ」と言おうとしているのではありません。「技術なのだから、やろうとさえ思えば誰にでも開かれている」ということが言いたいのです。

この「誰にでも開かれている」という部分がとても重要です。パートナーシップは一部の「恵まれた、運の良い人たち」の独占物ではないのです。

パートナーシップを成り立たせている技術がどんなものなのか。ここに思いつくまま列挙してみましょう。

○相手に自分の考えを伝える技術
○相手から本音を引き出す技術
○相手の気持ちを害さないようにする技術

○自分の気持ちをコントロールする技術
○自分たちが今どういう状態にあるのかを見極める技術
○意見の対立を調整する技術
……等々。

これらは日常の生活で普通に人間関係を作り上げたり、保っていく時に必要な技術ばかりです。

こういった生きていくために必要な「普通の技術」の集積によってパートナーシップという「特別な絆」は成り立っているのです。

技術の良いところは、自分で修練を積めることです。そして、その技術の進み具合が足りているか足りていないかも自分でわかります。自分たちの関係に結果としてすぐに現れてくるからです。パートナーシップは、技術の修練の場であると同時に、その技術が試される場でもあるのです。

また、今回うまくいかなかったとしても、その技術は次の時にも活かせます。そして経験を積めば積むほど、ますます習熟していけるものなのです。

おまけにこれらの技術は、通常の社会生活の中でも必要な技術なので、習熟することにエネルギーをどんなに注いでも損はないのです。

これほど「パートナーシップは技術だ」と強調するのは、パートナーシップを求めている人は、つねに「技術の習得」を意識して、日頃から技術の修練に努めるようにしてほしいからです。

技術は磨いていないと鈍ってきます。パートナーやパートナー候補がいる人は、その人との間でとにかく技術を磨き続けましょう。パートナーがいない場合でも、パートナーシップを手に入れたいと思っているのなら、何とか工夫して磨き続けるようにしなければなりません。

パートナー候補に出会ってしまえば、いきなり本番が始まるわけですから、その時になって慌てないように備えが必要なのです。

日頃から「自分の気持ちをうまく伝えること」とか「相手の気持ちを察すること」などを磨いておきましょう。パートナーシップに関わる技術は、「普通の技術」なので、社会生活の中でいくらでも「自主トレ」はできるのですから。

重要なのは、いつも意識していることです。

もしそういう技術に不得意感があるのなら、心理学の本やコミュニケーションの取り方のノウハウ本を読んでみるのもいいし、技術に習熟している人をじっくり観察してみるのもいいかもしれません。


ここで僕がシンジとの間でやっていることを一つご紹介しましょう。これも技術に関わる話だと思うので、参考にしてみてください。

僕は、今までにかなりの時間をかけて、彼の職場の話を聞いてきました。

今では彼の仕事の内容や職場の人間関係が頭に入っています。最初のうちは、なかなかイメージできなかったのですが、何度も同じことを聞き直し、図に書いて関係を整理しているうちに、なんとか全体が掴めるようになりました。

今では毎週見ている連続TVドラマのような、慣れ親しんだ感じさえあります。登場人物には勝手にアダ名をつけたりしているくらい。

お陰で、シンジの話をちょっと聞いただけで、職場の中でシンジが何に対してイラついているのか、何を喜んでいるのかがわかるようになりました。

つい最近、シンジは仕事に関して悩みを持っていたのですが、その悩みがどこから来て、彼の価値観とどう繋がっているのかが、少しの説明で理解できました。そして、アドバイスをしてあげられたことで、シンジは彼なりの打開策を見つけられたようです。これも日頃から「意識して」職場の話を聞き続けてきたことの成果だと思います。

問題の渦中にいて、イラついている時に込み入った状況を含めて一から説明するのでは、話す気力さえ失せてしまいます。日頃から話してもらっていたので、簡単な説明だけで、僕にも状況が正しく理解できたわけです。

僕が言う「技術」というのは、こういうことです。端的に言うために、敢えて「技術」という言葉に代表させてしまいましたが、そこには「工夫」とか「コツ」という意味合いも含んでいます。

「パートナーの生活に関心を持って、ちゃんと話を聞いておく」とか、「日常的な会話の中から価値観をしっかり掴んでおく」とかを意識的に行っておく。それも立派な技術なのだ、ということです。

相手にすれば、「自分が大事にしていることに対していつも関心を払ってくれている」という信頼感に繋がるし、その信頼から「何でも話していこう」という気持ちも生まれてくるのだと思います。

今までに何度も永続的な付き合いに挑戦して、失敗を繰り返してきた人は、次のチャンスにはアプローチを変えてみてはどうでしょう。

パートナーシップは、かけがえのない人との関係作りということもあって、ともすれば「思いやり」「愛情」「優しさ」といった気持ち系の言葉で語られやすいものですが、「全ては技術だ」と言い換えてみると、今まで越えられなかった難関の突破口が見えるかもしれません。

44

言葉を手に入れる

僕は自分が長い間求め続けた「関係」に対して、「パートナーシップ」という言葉を使ってきました。この本の中でも、それで通してきました。

結婚制度の外で永続的な関係を育んでいる人たちが、自分たちの関係に対してこの言葉を使ってきた経緯を汲んで、僕も使っているという話は前にしました。

今では、僕の周りのゲイやレズビアンの人たちも、この言葉を普通に使っています。この言葉は、かなり一般的になってきたということでしょう。

僕も率先して使い続けてきましたが、実は、この言葉には不満もあるのです。

それには、二つの理由があります。

一つは、この言葉が指し示す領域が広すぎるという点です。

実はパートナーシップという言葉は、僕が想定している意味だけでなく、「事業などを共同で行うこと」という意味で使われることも多く、文脈を考慮しないと正確には何を指しているのかわかりにくいのです。最近では公共機関がこの言葉を多用していて、その傾向は強くなっています。

また、相手を表す「パートナー」に至っては、ダンスなどの相手役やペアで行うスポーツの相手も含まれ、ますます区別がつきにくくなっています。漫才コンビの片割れが相手役をパートナーと呼んでいるのを聞いたことがあります。

人生の基盤ともいうべき大切な「関係」、その関係に対して専用の言葉がないのが大きな不満だったし、不思議な気さえしていました。「結婚」に相当する、その一言で「それ」を指し、それ以外に解釈しようのない言葉。それが欲しいと思い続けていたのです。

もう一つの不満の理由は、「人生を共に生きていく関係」を表す「パートナーシップ」の意味にも幅があり、この言葉では、僕が人生を賭けて求めてきたような関係を厳密に指し示すことができないところです。

結婚という制度に不満があり「事実婚」という形をとっている人たちの関係もパートナーシップと呼ばれていますし、責任や義務といった「束縛」から自由な関係がパートナーシップだと思っている人たちもいます。パートナーシップという言葉は、結婚から外れた関係を何もかも同じファイルに投げ込んでいる側面があるのです。

僕が求めてきた関係は、社会に望まれもせず、守ってくれるものもない状態で、二人の人間の永続的な信頼関係をどう築くか、と試行錯誤しながら、育んできた特別の関係です。ある意味で、とても新しい概念なのです。その新しい概念を既成の言葉で表そうとすること自体に無理があったのかもしれません。

そのうちに良い言葉が出てくると待っていたのですが、いつまでも出てきません。それなら、その言葉を自分で作ってしまおうと思いました。

そんなきっかけで作ったのが「トゥマン」という言葉でした。

トゥマン？　耳慣れないですよね。当然です、完全な新造語なのですから。

では、なぜトゥマンという言葉になったかという経緯をお話ししましょう。

言葉を作ろうと思った時に、ヒントになった言葉があります。

それは「つま」という言葉でした。「妻」という漢字を当てる言葉です。今は結婚した男女は夫と妻という言い方で区別しますが、その昔、万葉の頃には愛する男女はお互いを「つま」と呼び合っていたらしいのです。

後の世では「夫」と書いて「つま」と読んでいた頃もあったようです。夫も妻も字は違うけど「つま」というわけです。

そんなことを中学か高校の古文の授業で習ったことを思い出しました。

お互いを同じ言葉で呼び合う平等の感覚。それが僕の求めてきた関係にぴったりだと思ったのです。同性同士の組み合わせが原点なのですから、性役割を含む言葉など煩わしいだけです。できたらこれを使いたいなと思いました。

でも今の時代「つま」と言ったら「妻」を連想してしまいます。何かいいアイデアがないかと考えていたら、また昔の授業が助けてくれました。

平安の頃まで日本語は「た・ち・つ・て・と」という音を「た・てぃ・とぅ・て・と」と発音していたらしいのです。

ということは「つま」は「とぅま」と発音していたことになります。「とぅーま」と伸ばさずに、「つま」のように短い二音節の「とぅま」です。

これなら妻と間違えられることはありません。それに響きがカワイイ!

すっかりこの「発見」に気をよくして、新しい言葉では、「パートナー」ではなく「とぅま」を使おうと決めました。

だけど平仮名で書くと「シンジは僕のとぅまです」となり、解りにくいので、カタカナで「トゥマ」と表記しようと決めました。

「シンジは僕のトゥマです」となります。

そして、「トゥマ」と呼び合う関係なのだから、関係そのものを「トゥマン」という言葉にすることにしました。

「トゥマトゥマ」とか「トゥマシップ」とか考えたのですが、友人に相談したら「トゥマン」がいいんじゃないと言われ、それが気に入ってしまったのです。

ちゃんとトゥマという言葉が入っているし、「けっこん」という言葉と同じで語尾に「ん」が入っていて、音から来るイメージが通底しているところが面白いと思ったのです。それに、なにより音節が短いというところが決め手になりました。短い言葉は使いやすく、言葉としての強さを持っているからです。

こうして「トゥマン」が生まれました。


言葉は大事です。新しい言葉を持つだけで意識が変わったりします。

トゥマンという言葉を手に入れたお陰で、僕はトゥマンがどういう関係なのかを前よりも深く考えられるようになりました。自分の作った言葉なので定義付けも納得のいくまでできますし、定義付けをしていく中で、トゥマンをよりはっきりイメージできるようになったのです。

それでは、トゥマンがどういうものなのか、今までの整理という意味も込めて、ここにまとめてみます。


トゥマンは一対一の関係です。

トゥマンは、二人の気持ちの繋がりが最も大事な要素になります。

平等で、お互いが理解し合い、受け入れ合っている信頼関係です。

性別や年齢などに関係なく、「その人がどんな人か」が尊重されることが前提です。ですから、二人が満足し、受け入れ合っていることが最重要で、他人からどのように見えるかは大きな意味を持ちません。

常に関係が居心地の良いものになるように調整し続けることが求められます。どちらかの気持ちが離れたら、関係を続けるのは難しいのですから。

「結婚」との関連を言えば、トゥマンを含んでいる結婚もあるけど、全ての結婚にトゥマンが含まれているわけではないという関係です。

結婚は、社会システムに組み込まれ、二人の気持ちよりも優先される部分が多いので、トゥマン的な「信頼」がなくても成り立つ場合が多々あるのです。

「相互の理解を通して、世界一の味方だと思えるような関係」を理想と掲げ、その理想に一歩でも近づこうと、二人の人間が協力しながら、人生を一緒に生きていこうと努力している関係という言い方もできます。

この言い方にも表れているように、トゥマンには二つの側面があります。向かうべき理想としてのトゥマンと、その理想的なトゥマンに近づこうと協力し合っている現実的なトゥマンです。

この言葉は僕の造語ですが、自分の経験だけから考え出したものではなく、たくさんのゲイやレズビアンのカップルの在り様から抽出した概念を元に作った言葉です。その概念には、永続的な信頼関係を求めている人たちにとって共感できるものがたくさんあるはずです。

ですから「関係」について考えたり、語り合ったりする時に、この言葉を一つの叩き台として使ってもらえれば嬉しいです。

45 関係を続けるためのポイント

それほど苦労をしているようにも見えないのに、なぜか関係がうまくいっている人たちがいます。その一方で、何度トライしても関係が長続きしなかったり、良い相手に巡り合わないという人たちもいます。人柄も性格も問題がなさそうなのに、なかなかうまくいかない……。

そんな状況を見ると、運・不運ってあるのかなという気持ちにもなります。

実際に、関係作りは、どこまでが当人たちの努力や才能によるもので、どこからが巡り合わせによるものなのかは判断ができません。

自分自身のことを振り返ってみても、運によって人生を振り回された気もしますし、自分なりの努力のおかげでここまで来られたようにも思えます。

でも、少なくとも、幸運だけでやってきた感じはしません。

僕のモットーは「運については考えても仕方がない。自分の意思や努力で変えられる範囲のことをやっていくしかない」というものです。

僕はタックスノットという店を通じて、たくさんのカップルや長い関係を求める人たちと関わってきました。そこには「幸運に恵まれた人」から「運命がなかなか味方になってくれない人」までいろいろな人がいました。

僕は、その中でも、運命が味方になってくれなくても、諦めずに挑戦し続ける人が好きで、いつも応援してきたつもりです。

幸運が足りない部分は、努力や知識や強さを手に入れることで補える。それを彼らに知ってもらいたかったのも、この本を書いた理由の一つなのです。

ここでトゥマンを目指したいと思った人のためにいくつかの要点を書いておきます。これを意識していれば、きっと役に立つと思います。

目的地を共有しておく

トゥマンには、理想の状態を想定したヴィジョンがあります。

「平等で、お互いが理解し合い、受け入れ合っていることが土台になっている信頼関係」というものです。「お互いがお互いを世界で一番理解していて、世界一の味方だと思えるような関係」という言い方もしました。

ヴィジョンを想定してある理由は、トゥマンを始める時に、自分たちがどこに向かって動きだそうとしているのかを共有しておくことが大事だからです。

「長い付き合いを前提に」と関係を始めても、それぞれが違うことをイメージしている……というのはよくあることなので、そこを詰めておくのは重要です。

例えば、あなたが思い定めた人とトゥマンを始めたいと思ったとして、「あなたとトゥマンをやっていきたい」と話したとしましょう。

その場合、だいたい「何？　そのトゥマンって」ということになるはずです。そうしたら、その人にトゥマンとは何かを説明しなくてはなりません。

その時に役立つのが「理想の状態を想定したヴィジョン」です。あれを叩き台に使って、相手と話をしていくのです。

「こういう考え方があるみたい。自分も経験はないけど、これをやっていきたいと思っている。あなたはどう思う？」といった具合に。

少なくとも「浮ついた気持ち」ではないのは、相手に伝わるでしょう。

そこで相手が「面倒臭いことを言うヤツ」とか思っているようなら、その人は、関係作りに大きなエネルギーをかけるのを面倒がる人かもしれません。前途は多難です。

もし、その人も「自信はないけれど、やってみたい」と言ってくれたら、光が見えます。そこから二人で考えていけばいいのです。じゃ、平等ってどういうことだろう、理解し合うってどうやっていったらいいんだろう、と。

そういう話し合いも、良い関係を育む大きな助けになります。

とにかく、二人の間で、自分たちがどんな関係が欲しいのかということに関して、ある程度の合意点を見つけておかなくては、何も始められません。これをいい加減に扱うと、後でツケが回ってくるので、気をつけた方がいいです。

トゥマンとは、例えて言えば、二人で長い旅に出るようなものなのです。それぞれが違う目的地を考えていたのでは、うまくいくはずがありません。

意思を確認しておく

トゥマンは、個人と個人の気持ちのつながりをベースにしている関係です。二人の気持ち以外に頼れるものがありません。

だからこそ、二人で合意した「自分たちが目指す関係」を一緒に目指す意思の確認が大切なのです。ここを曖昧にしておくと、後で「そんなことを言った覚えはない」などと揉める原因になります。

この意思の確認は覚悟の確認でもあるわけです。それぞれが自分の意思で「やっていく」と決めるのですから。

結婚ほどの大きな覚悟はいらないかもしれません。結婚は、親や親戚との関係・育児や財産の問題など、二人だけの関係では済まない要素が多いので大変です。でも、トゥマンも簡単に実現できる関係ではありません。責任や義務だって生じます。やはり、それなりの覚悟が必要なのです。

そして、なかなか越えられない問題に遭遇した時に、この覚悟を思い出すことで挫けずに進んでいけることがきっとあると思います。

この意思の確認は、なにも始まりの時だけではなく、二人が関係を続けている間、ことある毎に確認していくことも大切です。

関係というのは常に変化していきます。その変化の中で、気持ちも変わってしまうこともよく起こるのです。一度、覚悟を決めたからといって、その覚悟がずっと変わらないとは限りません。

「今でも一緒にやっていく気持ちがある?」と、何かの折に確認するのは、とても大事なことです。この確認は、関係を大切に考えていることの表れにもなり、お互いの安心感にもつながるのです。

現状を把握する

トゥマンにおいては、自分たちがどんな状態にいるのかを、できるだけ的確に知っておくことが大事です。状態の善し悪しは何となくは感じられはしますが、具体的に把握してないと、良い面をキープしていくことも、悪い面を直すこともできません。できるだけ冷静に、自分たちの関係を分析していく必要があるのです。

例えば、「いくら言っても、相手が聞いてくれない」というグチがあります。

このグチだけでは、良くない状態はわかっても、何が原因なのかは見えてきません。こういう背景に何が隠れているのかを吟味しなければならないのです。

「いくら言っても聞いてくれない」のは、多くの場合、要点が相手に伝わっていないことが原因だったりします。

言うだけでは、こちらの思いは相手には伝わらないからです。

そこに気がついたら、現状の把握に一歩近づいたということになるでしょう。もし、伝わってなかったのだとわかったら、伝える方法を考えればいいのです。

正しい現状の把握は、対策も示唆してくれます。

また、伝わっているのに聞いてくれないのなら、他に原因があるはずです。

ただ漠然と不満を持っているのではなく、対策が見えてくるほど的確に現状を知るようにする。これがよい関係を作っていく大切な鍵です。

現状の把握は、今自分たちがどこにいるのかを教えてくれます。「今どこにいるか」がわかり「どこに行きたいか」のイメージがあって、初めて正しい方向へと動き出せるのです。

技術によって関係を調整する

関係が良くないなら、良い状態へ一歩でも近づくように関係を調整しなくてはなりません。自分が何度も言ったことが伝わっていないなら、伝わるように話さなければならないわけです。

ここでいよいよ技術の出番です。「伝わるように話す」には技術が必要なのです。

相手の考え方に沿って話したり、相手が防御的にならないように雰囲気を作ってみたり、話すタイミングを考えたり、と方法はいろいろと考えられます。

「ちっとも聞いてくれてないじゃない!」と話を切り出すのと、「うまく伝わってないみたいだから、もう一度説明するね」と話し始めるのとでは、相手の聞く態度にも違いが出てくるのは当然です。トゥマンを求めるなら、常に人間関係に関わる技術を磨き続けていくようにしなくてはならないのです。

さて、トゥマンでは、もう一つ大事なコツがあります。それは、自分たちの関係がトゥマンの理想から外れていても、それをあまりネガティブには捉えないようにすることです。

長い付き合いをトライした人なら経験があると思うのですが、トゥマンでも時間が経つに従い「こんなはずではなかった……」という思いがよく起こります。

これは「現状を把握する」にも関連しているのですが、自分たちの状態を見つめているうちに、理想との違いに気持ちが挫けてしまいそうになるのです。

理想を目指して始めたはずの関係なのに、いつまでも理想にはほど遠い。努力も工夫もしているけど、良い方向に進んでいるようには実感できない。そんな思いが湧き上がってきます。だけど、そんな時、焦りは禁物です。

理想から外れている状態は、自分たちに改善する部分がたくさんあることを示しているにすぎないからです。

「先はまだある」と思えばいいだけで、そこでイラついたり、自分を責めたり、ましてや相手を非難してはいけません。大事なのは前に進むことです。今よりも良い状態を目指して努力しているのなら、その進み具合や理想からの距離に気を取られ過ぎないようにした方がいいでしょう。理想を目指して二人で協力して進んでいることが大事なのですから。

長いレンジでものを見ていくことも重要です。良い関係を育むには時間がかかるからです。対策を講じたら効果がすぐに現れるようなものではありません。種を蒔いても翌日には収穫できないのです。

理想は大事ですが、もっと大事なのは自分たちの関係そのものです。

お互いを受け入れ合っていくのが重要なように、自分たちの関係も受け入れて、焦らずに進むことも重要です。

今の関係を二人が受け入れている。だけど、明日にはもう少し良い方向に変わっていけたら、と努力している。これができていれば、かなり素晴らしいトゥマンと言えるんじゃないでしょうか。

46 セックスの問題

セックスとは難しいものです。僕には、このことは痛いほど身に沁みています。セックスに関しては、僕は「呪われている」感じさえあるのです。ここまで読んでくれた方ならわかってくれることでしょう。

関係作りの中でのセックスの満足なんて、カズとの付き合い初めの頃を除けば、ずっと「諦めて」きたような気がします。

僕には、性的な満足より関係の上で優先させたいものがあったので、後悔しているわけではありません。ただ、ちょっと人生の皮肉を感じてしまうのです。

ゲイである僕には、女性との結婚は考えられませんでした。女性には全く性的な関心が持てなかったからです。

そこまで、セックスについて譲れないものがあったのに、実際に男性との関係作りではセックスの優先順位はものすごく下の方になってしまいました。人生って時折こういう意地悪をするものなんですね。

でも、やりたくないセックスを我慢しながらやるのと、やりたいセックスを我慢するのはどちらがマシかと考えてみると、僕には圧倒的に後者の方が受け入れやすかったのです。まして、「やりたくない」という気持ちを相手に伝えられない状況でやり続けるなんて、僕には到底我慢できそうにありません。それよりは、やりたいと思っていながらも、できない状況を理解して、やらないでいる方がよっぽど納得がいくというものです。

要するに、一番大事なのは「納得できるかどうか」なのです。

僕とシンジの間にあった大きな問題は、まさにこのことが自分自身に返ってきたものでした。

強い絆が必要な付き合い始めの頃、僕はシンジとのセックスを望んでいたのですが叶えられませんでした。彼には、誰よりも一緒にいて楽しいと思う僕に対して性的な欲望が湧かない、というジレンマがあったのです。

それは、長い関係の中では、いずれセックスはなくなるとわかっている僕にとっても、苦しい二者択一でした。自分が相手に、性的な関係を持ちたくないと思われている現実を受け入れるのが辛かったからです。

それでも僕は「大塚さんといるのは他の誰といるより楽しい」というシンジの言葉を信じて、関係作りを続けていくことを選びました。

女性との「我慢しながらのセックス」はしたくない。だから好きな男性との人生を求めるのだ。そう思ってきた僕の最終的な選択は、僕とはセックスをしたくない人と生きる人生だったのです。自分がどうしても嫌だった「我慢しながらするセックス」を相手にさせるわけにはいきません。

前にお話しした通り、関係も安定してきた今となっては、二人の間にセックスがないことが二人の気持ちに不満や不安を引き起こすことはなくなりました。

お互いに相手の「辛さ」を理解し、この状況に納得できたことで、やっと辿り着けた地点でした。

ここでも重要ポイントは、二人が納得していること。トゥマンでは、自分たちの問題を調整して、納得できる地点を見つけ出すのが最重要な課題なのです。

僕たちがここまで辿り着けたのは、質の高いコミュニケーションや深い相互理解を手に入れたからです。それは二人の最も誇れる収穫だと思っています。

こんな話を繰り返したのは、「セックスはなくてもいい」と言いたかったからではなく、トゥマンでは、いずれセックスの問題がやってくる。だから心の準備が必要だ、ということを強調しておきたかったからです。

セックスの問題はいろいろな形でやってきます。

最初から波乱含みの場合もあるでしょうし、全く問題がなかったのに状況が急変する場合もあるでしょう。よくあるケースは、関係が落ちつき始めた時に片方の性的エネルギーが落ちてきてしまうというものです。要するに、どちらかが、セックスを楽しめなくなるとか、やる気が起こらなくなるケースです。

今までにたくさんのカップルの話を聞いてきましたが、ほとんどのカップルに、遅かれ早かれ、そういう状況がやってくるようです。

長い付き合いを目指していなければ、その辺りから関係はフェイドアウトするだけなのですが、「この人こそ」と思って始めた関係なら問題は深刻です。

長い付き合いの経験が少ない人ほど、セックスがなくなるという状況には恐怖を感じることが多いようです。あってはならないと思い込んでいるからです。

こういう思い込みは「結婚」という関係性を持たない同性同士のカップルには強いような気がします。子育てもせず、恋愛感情以外に頼るものがない関係では、セックスという接着剤なしに、どうやって関係を保てばいいのかイメージしにくいのでしょう。

性的な関心が薄れるのを、相手への裏切りのように捉えてしまう人もいるようですが、そうなると問題はより難しい状況を引き起こしていきます。

罪悪感は関係に影を落とします。相手に対して「言えないこと」を持ってしまうからです。一方にしてみれば不安になり、確認のためにセックスを迫るようになる。セックスをしたくない方はその状況を避けるので、ますます関係が不安定になる。そんな悪循環に陥ってしまうのもよくあるパターンです。

しかし、セックスがなくなることを防ぐのは至難の技ですが、セックスがなくなることで関係が悪くなるのを防ぐ方法はあります。

そのために、「セックスがなくても続けていける関係」をイメージしておく必要があり、そういう関係を育むための積み重ねが必要となってくるのです。

セックスがなくなってからがいよいよ本番。それがトゥマンなのです。

僕がシンジとの「ある極端な例」を書き綴ったのは、こんな極端なケースでさえトゥマンをやることが可能なのだ、そんな例もあるのだと、頭の片隅にでも置いておいてほしかったからです。問題が起こった時に、これを思い出せば「諦めない」という道を選択することもできるかもしれません。

セックスは大事です。扱いが難しいし、不得意な人も大勢いるでしょう。

でも、大した問題でもないとも言えるのです。

セックスの相性が悪いとわかった時、不安な僕にゲンちゃんは言いました。

「セックスなんて簡単なんだから」って。

言われた時には、彼が何を言おうとしているのかわかりませんでしたが、「大した問題ではない」という発想を持つことは、関係の中で何が大切なのかを見誤らないためにとても重要だ――今の僕はそんな風に思います。

トゥマンは、性的なものによって始まっても、結局は性的なものを越えた、もっとしっかりとした絆で結ばれた地点に辿り着かなくてはならないのです。

こう力説した時、若いゲイの子にこんな風に言われたことがあります。

「セックスがないんじゃ、それって友達と同じじゃないですか」

その子の気持ちもわからないでもありません。親でも兄弟でもなく、セックスがない大切な関係って言われたら、友達しか思いつけないのです。

でも、そう思っているうちはトゥマンには辿り着くのは無理だろうなと、僕は心の中で思います。「これが欲しい」とイメージできないものを、どうやって手に入れられるでしょう。僕としてはこう言うしかありません。

「友達とトゥマは違うの。海で泳いでいてもマグロとイルカが違うように」って。

セックスが難しいのは、セックスがなくなったことを乗り越えられても、今度は他の人とのセックスという問題が持ち上がってくるところです。もちろん、これは二人の間にセックスがあっても持ち上がる問題ではあるのですが……。

第三者とのセックスをどうするか。これはトゥマンをやっていく上で、避けて通れない大きな問題です。第三者とのセックスがセックスだけに収まっているうちはいいのですが、恋愛関係に育ってしまうと、自分たちの関係に影響を引き起こす可能性がでてきますし、場合によっては深刻な危機を招くことだって起こり得るのです。

どう対処したらいいのか……これに関して王道はないようです。

どのカップルも、そのカップルなりの対処法を見つけていくしかないのです。どんな考え方なのか、どんなコミュニケーションをとっているのか、どんな性格なのか、こういう一つ一つが対処法に関係してくるので、「これがベスト・アンサー!」と簡単に言えるようなものはありません。

僕も今までにいろんなカップルの対処法を見てきましたが、カップルの選択する道ってホントに様々です。それには一切触れずに、それぞれの対応に任せているカップル。

浮気が発覚する度に大騒ぎを繰り返しながら関係を続けているカップル。

セックスした時は必ず報告し合うようにしているカップル。

相手の行動をまったく縛らない「なんでもあり」のカップル。

同じ人とは二度寝ないというルールを作っているカップル。

ハッテン場に行くのは構わないという形をとるカップル。

誰かを招き入れて三人でセックスすることで乗り切っているカップル。

等々、ニュアンスの差まで含めればカップルの数だけバリエーションがあると言ってもいいでしょう。

そこには外から見ていると、がんじがらめにお互いを縛り合っているような関係から、あれで付き合っているって言えるの？と言いたくなるほど自由な関係までのグラデーションがあります。

もちろん、二人がそのやり方に納得しているかだけが問題なのであって、外からどう見えるかというのはどうでもいいことです。

最も重要なのは、どんな対処法を採っているかに関わらず、二人が強い絆で結ばれているかどうかなのです。

その意味では、第三者とのセックスという問題に対しての最善の対処法は、二人の関係を常に良い状態にしておくことに尽きると言っていいでしょう。

こんなことを聞くと、付き合い経験の少ない人なら「カップルを続けるってこんなに大変なのか……」とネガティブモードになってしまうかもしれません。

でも、発想を変えれば、難しい状況があるからこそ、それを乗り越えてきた関係には簡単に壊れない強さが備わる、という言い方もできます。

セックスが関わらなければトゥマンは始まりません。性的に引かれ合う力を借りてこそ関係も始められるのです。そしてセックスの問題を乗り越えるのが難しいからこそトゥマンは壊れにくい関係へと育っていけるのです。

結局、トゥマンを目指す全ての人は長い間セックスというものに真っ正面から向き合っていかなければならないのです。


さて、これでこの本も終わりです。

最後に一つだけ。

いろいろと書いてきましたが、ここに書いてあることが全部できなければ信頼関係は築けないとか、ここに書いてあるような関係だけが良い関係なのだというわけではありません。

関係がうまくいかなくなった時に、それがどんなに解決不可能に見える問題だとしても、ちょっと発想を変えるだけで意外な突破口が見つかったりするし、二人のコミュニケーションの質を少し良くするだけでも解決策が見つかったりするものです。諦めさえしなければ、再出発は可能なのです。

こまごまと書いてきたのは、関係を諦めないための心構えをなんとか伝えたかったからです。

当然ですが、この一冊を読んだだけでトゥマンが手に入るとか、関係性のエキスパートになれるなんてことはありません。結局は個々の関係の中で、二人がそれぞれに試行錯誤をしていかなければならないことに変わりはないのです。

試行錯誤の最中に方向を見失わないためには何が大切なのか。それさえ忘れなければ、今までよりはずっとうまくいくようになる。それがこの本の一番の要の部分です。

敢えて例えれば、この本は地図ではなく、コンパスのようなもの。到着地点の方角は指し示すけれど、どのコースを採るかは、その人次第というわけです。

この本が種となって、いつしか読んだ人の心の中でヴィジョンが育ち、「望ましい関係への方向」を確実に指し示すようになるとしたら、それこそ僕の最も望むところです。

そして、一人でも多くの人が、この本を関係作りの役に立ててくれたら、これほど嬉しいことはありません。

おわりに

返し縫いという縫い方があります。

布をしっかりと縫いつけたい時の方法で、針を常に前の糸目のところまで戻しては、また前に縫い進んでいくという縫い方です。

この本は全編を通して、返し縫いをしてあります。コミュニケーション、伝える、味方、チーム、相互理解、平等……。「何度も、何度も同じようなことが出てくるなぁ」という印象を持たれた方もいらっしゃるかとも思いますが、これはほころびやすいと思う場所に意識的に返し縫いを施してあるのです。

一度読み終わっても、しばらく間を空けてから、また読んでいただけたら嬉しいです。その繰り返しているところが、はっきりと見えてくると思います。そこは、僕がどうしても伝えたかったところなのです。


ここ十年ほど、ゲイ向けの雑誌『バディ』で、ゲイカップルのインタビューや悩み相談、トゥマンのハウツーものなど、様々なアプローチで関係性に関しての連載を続けてきました。しかし、誌面の都合などもあって言いたいことを充分に伝えきれていない感もありました。

できれば読者のセクシャリティを限定せずに、じっくり内容が伝えられる文章量で、トゥマンについて語りたい。いつしかそんな気持ちが大きくなっていたのですが、それがそのまま今回のコンセプトになりました。

うまくいっているかどうかは、読んだ方の判断にお任せしますが、自分としては、今までに伝えきれなかった部分がかなり書けたのではないかと思っています。

もし違うアプローチにも興味があるようでしたら、『トゥマン道場』という『バディ』での連載全二十四話分がブログで公開されています。そちらにもアクセスしてみてください。

『トゥマンという関係』 http://tuman.cocolog-nifty.com/blog/

ついでながら、僕の作品や他の文章に興味のある方にはホームページもあります。「大塚隆史のサイトタコ」と検索をかけていただくと見つかります。見てみてください。

実は本が書き上がってからいろいろと問題が起こり、一年ほど時間が空いてしまいました。そこで後日談をいくつか。

「激動の四ヶ月」で出てきた「K君」ですが、今でも元気に暮らしています。あの話の最後で「付き合い始めた」お相手は亡くなってしまったそうですが、その後新しいカレシと出会い、今も良い関係を続けているという話でした。今の時代はＨＩＶに感染していても、体調管理さえしっかりできれば健康で幸せに生きていける時代なんですね。カズのことを思うと複雑な気持ちになりますが、エイズに対する医療や支援体制が整った時代になって本当に良かったと思います。

ゲンちゃんですが、去年に素敵な男性との出会いがあり、今お付き合いを順調に継続中。このままトゥマンを目指して良い関係を育んでいってくれそうです。来年にはガラス絵による初個展も控えていて、元トゥマの人生が希望に溢れているのは僕としても嬉しい限りです。

インランちゃんは、タックスノットがオープンした同じ年に新宿二丁目でバーを開店。その店も今年の暮れで二十七周年を迎えます。つい最近インランちゃんは偶然僕の住まいのすぐ近くに引っ越しをしてきたとのことで、行きつけのスーパーでパッタリ会ったりします。カレシとのお付き合いもずいぶん長くなったとの話でした。

ヤスオも元気でした。去年の暮れ、なんと十七年ぶりにタックスノットに来てくれたのです。突然のことで気が動転してしまい、何を話したかあまり覚えていないのですが、あの時に好きになった人とは今でもパートナーとして関係が続いているという話でした。それを聞いて、結局僕たちは出会ったタイミングが悪かっただけなのかもしれないと、「未解決ファイル」に入ったままだったあの思い出にピリオドを打てた気がしました。

この本のきっかけを作り、原稿が書き上がるまで手助けをしてくれた田中正紘さん、宙に浮いていた原稿を本として世に出すチャンスをくださったポット出版の沢辺均さん、最後の詰めを担当してくださった編集の高橋大輔さん、このお三方には心から感謝の意を表したいと思います。

最後に、この本の書き始めからずっと僕を支え続けてくれたシンジにも一言。

彼は、いつも的確な助言をくれながら、なだめたり、すかしたり、おだてたり、はげましたりと、様々な方法で、ネガティブな方向に落ち込みやすい僕を、前に進ませてくれました。この本は、彼がいなければ、満足のいく形にはできあがらなかったと思います。

シンジ、どうも、ありがとうね。そして、これからもよろしく！

二〇〇九年初秋

大塚隆史

著者プロフィール

大塚隆史
(おおつか・たかし)

その昔、一世を風靡したラジオ番組『スネークマン・ショー』に参加し、ゲイのポジティブな生き方を発信。これに影響を受けたゲイは数知れず。1982年にバー『タックスノット』を新宿に開店。現在に至るまで多くのゲイやレズビアンの相談相手として幅広い支持を得ている。この店の人的交流をベースに生まれた別冊宝島のゲイ三部作『ゲイの贈り物』『ゲイのおもちゃ箱』『ゲイの学園天国!』(すべて宝島社)を責任編集。著書に『二丁目からウロコ』(翔泳社)、訳書に『危険は承知/デレク・ジャーマンの遺言』(発行・アップリンク/発売・河出書房新社)がある。また、長年にわたり造形作家として数多くの作品を生み出し、独特の世界観を披露し続けている。

タックスノット
http://www.asahi-net.or.jp/~Km5t-ootk/tacsknot.html

大塚隆史のサイト・タコ
http://www.asahi-net.or.jp/~km5t-ootk/

書名――二人で生きる技術
副書名――幸せになるためのパートナーシップ
著者――大塚隆史
カバー写真――森栄喜
編集――高橋大輔
デザイン――和田悠里
発行――2009年10月29日［第一版第一刷］
2014年7月8日［第一版第五刷］
定価――2,200円＋税
発行所――ポット出版
150-0001 東京都渋谷区神宮前2-33-18#303
電話 03-3478-1774
ファックス 03-3402-5558
ウェブサイト http://www.pot.co.jp/
電子メールアドレス books@pot.co.jp
郵便振替口座 00110-7-21168
ポット出版
印刷・製本――シナノ印刷株式会社
ISBN978-4-7808-0135-4 C0095

【書誌情報】
書籍DB●刊行情報
1 データ区分――1
2 ISBN――978-4-7808-0135-4
3 分類コード――0095
4 書名――二人で生きる技術
5 書名ヨミ――フタリデイキルギジュツ
7 副書名――幸せになるためのパートナーシップ
13 著者名1――大塚 隆史
14 種類1――著
15 著者名1読み――オオツカ タカシ
22 出版年月――200910
23 書店発売日――20091029
24 判型――4-6
25 ページ数――280
27 本体価格――2200
33 出版者――ポット出版
39 取引コード――3795

THE ART OF LIVING TOGETHER
by OTSUKA Takashi
Photographer: MORI Eiki
Editor: TAKAHASHI Daisuke
Designer: WADA Yuri

First published in
Tokyo Japan, Oct. 29, 2009
by Pot Pub. Co., Ltd

#303 2-33-18 Jingumae Shibuya-ku
Tokyo, 150-0001 JAPAN
E-Mail: books@pot.co.jp
http://www.pot.co.jp/
Postal transfer: 00110-7-21168
ISBN978-4-7808-0135-4 C0095

本文●ラフクリーム琥珀N 四六判・Y・71.5kg（0.130）／スミ（マットインク）
見返し●NTラシャ 青緑・四六判・Y・110kg
表紙●ハンマートーンGA ホワイト・四六判・Y・210kg／TOYO 1000+TOYO 344
カバー・オビ●ヴァンヌーボV スノーホワイト・四六Y・110kg／プロセス4C／グロスニス引き
使用書体●游明朝体std M+PGaramond 游築初号ゴシックかな ゴシックMB101 見出しゴMB31 游ゴシック体
PFrutiger PGaramond 2014-0105-0.5（3.8）

ポット出版の本

クィア・ジャパン・リターンズ

編●伏見憲明

Vol.2　生き残る。

定価●1,900円+税
われわれは今をどうやって「生き残る」ことができるのか?
メガバンク、大手不動産、エンジニア、トレーダー、
高校教員などといったさまざまな仕事の現場で働く
13人のゲイへのロングインタビュー「会社で生き残る!」をはじめ、
「HIV感染とゲイ」の現在を真摯に語り合ったシンポジウムや、
大塚隆史による脳腫瘍「闘病記」など、それぞれの現場での
それぞれの人なりの「生き残る」現実をさぐる。
2006年07月刊行／ISBN978-4-939015-91-5 C0076／B5変型／208ページ／並製

Vol.1　あなたに恋人ができない理由 関係が続かない原因

定価●1,800円+税
欲望の着地点をどこに求めればいいのか。
ゲイの性愛、恋愛、パートナーシップについて、
「タックスノット」の大塚隆史、『G-men』元編集長の長谷川博史、
「ISLANDS」のラクさんの愛の3賢人が語りおろした座談や、
小浜逸郎・藤本由香里らが語り合った「恋愛脅迫の時代」など、
欲望の先にあるゲイの恋愛とパートナーシップを考えてみる。
「東京レズビアン&ゲイパレード」写真集付き。
2005年11月刊行／ISBN978-4-939015-84-7 C0076／B5変型／176ページ／並製

Vol.0　Generations / Realities

定価●1,800円+税
ゲイコミュニティ、そして一般のメディアにも
その先端性が高く評価され話題を呼んだシリーズ
『クィア・ジャパン』(勁草書房)をリニューアル復刊。
「槇原敬之」をキーワードに、多様化するリアリティに迫る。
2005年05月刊行／ISBN978-4-939015-77-9 C0076／B5変型／168ページ／並製

●全国の書店、オンライン書店で購入・注文いただけます。
●以下のサイトでも購入いただけます。
ポット出版◎http://www.pot.co.jp　　版元ドットコム◎http://www.hanmoto.com